A CONQUISTA DA SAÚDE INTEGRAL

Este livro é uma obra de consulta e esclarecimento. As receitas e técnicas aqui descritas têm o objetivo de complementar – e não substituir – o tratamento ou cuidados médicos. As informações aqui contidas não devem ser usadas para tratar uma doença grave sem prévia consulta médica.

Estilo saudável
A CONQUISTA DA SAÚDE INTEGRAL
física • mental • emocional • espiritual

Cátia Fonseca & José Estefno Bassit

São Paulo
2009

Copyright © 2009 Alaúde Editorial Ltda.
Todos os direitos reservados. Nenhuma parte deste livro poderá ser reproduzida, de forma alguma, sem a permissão formal por escrito da editora e do autor, exceto as citações incorporadas em artigos de crítica ou resenhas.

1ª edição em abril de 2009 - Impresso no Brasil

Publisher: Antonio Cestaro
Editora: Alessandra J. Gelman Ruiz
Capa: Walter Cesar Godoy
Fotografia da capa: Christiano Zoubaref
Ilustração: Otoni Gali Rosa
Revisão: Maria Sylvia Corrêa
Impressão: Bartira Gráfica e Editora S/A

Dados Internacionais de Catalogação na Publicação (CIP)
(Câmara Brasileira do Livro, SP, Brasil)

Fonseca, Catia
    Estilo saudável : a conquista da saúde integral : física, mental, emocional, espiritual / Cátia Fonseca & José Estefano Bassit ; [ilustração Otoni Gali Rosa]. -- São Paulo : Alaúde Editorial, 2009.

    1. Espírito e corpo 2. Saúde - Aspectos psicológicos 3. Saúde mental 4. Saúde - Promoção 5. Universalismo I. Bassit, José Estefano. II. Rosa, Otoni Gali. III. Título.

09-02450   CDD-613

Índices para catálogo sistemático:
1. Saúde integral : Promoção 613

ISBN 978-85-7881-009-2

Alaúde Editorial Ltda.
R. Hildebrando Thomaz de Carvalho, 60
CEP 04012-120 - Vila Mariana
São Paulo - SP
Telefax: (11) 5572-9474 / 5579-6757
alaude@alaude.com.br
www.alaude.com.br

Agradecimentos

Agradeço imensamente à minha querida avó Haydée, pela qual tenho infinita estima, gratidão e muito amor. Às minhas queridas e muito estimadas Ana Maria, minha mãe, e Alice Augusta, minha segunda mãe, que sempre me apoiaram e incentivaram na prática do bem. À Maria Cybele Marrelli Caldas, fiel incentivadora, orientadora e companheira de todos os momentos. Aos muito estimados, fiéis e dedicados amigos doutor Fernando Quesada Morales e família. Aos queridos e fiéis amigos Rogério Manrubia Biral e a toda sua família, que sempre me incentivaram e apoiaram em todos os momentos.

Aos meus familiares, fiéis amigos, leais colaboradores, e aos meus professores, especialmente D. Aracy e D. Nely, fundadoras do Externato Nossa Senhora de Lourdes. Agradeço especialmente aos amigos e proprietários da empresa Santa Natura, do Peru, senhor Henrique Angel Galdos e senhora Jeanette Enmanuel, familiares e colaboradores. A todos os que sempre me incentivaram, me apoiaram e contribuíram para a realização deste e de outros trabalhos. À amiga Karen Scherk Ciccacio, que muito me auxiliou na realização deste livro. Ao amigo e companheiro de agricultura orgânica Benedito Donizete de Lima, comadre Neusa da Silva, familiares e colaboradores. À amiga e fiel colaboradora Rosaly Scherk, pelo auxílio, incentivo e dedicação muito especial. À amiga querida Maria Aparecida Pontes Taltasse (*in memorian*). À amiga apresentadora e empresária Simone Arrojo. À amiga e divulgadora de meu trabalho Ronéia Forte, que muito tem me auxiliado ao longo desses anos.

Agradeço aos estimados e muito queridos orientadores Pe. José Alem, Pe. Ademir Gonçalves, Pe. Alberto Gambarinni, Pe. Luís Erlin, Pe. José Sometti, Frei Junior Gualberto e Pe. Marcelo Rossi.

Agradeço imensamente à querida e muito estimada amiga e excelente apresentadora Cátia Fonseca, e a toda a sua equipe, pela oportunidade de divulgarmos, juntos, atitudes saudáveis para um mundo melhor.

Especial gratidão a Deus, Nosso Pai, pelo dom da vida e pela possibilidade da prática da paz e do amor.

José Estefno Bassit

Toda família tem uma avó, uma tia ou uma mãe que sempre tem uma receitinha caseira ou uma simpatia para aquela dorzinha de barriga, de cabeça, para um mau jeito nas costas, para o joelho ralado ou simplesmente para acalmar ou relaxar quando as coisas não dão certo. E o melhor de tudo é que, de uma forma ou de outra, sempre acabam funcionando.

Não duvide. O conhecimento dos antigos unido ao amor sincero no desejo de curar é capaz de surpreender os modernos. Por isso, agradeço a todos os antigos que, com amor, carinho e sabedoria, passaram de geração em geração todo o conhecimento que tanto nos têm ajudado e que podemos, hoje, ao menos em pequena parte, repassar aos amigos leitores deste livro. Obrigada vovós! Obrigada titias! Obrigada mamães!

Cátia Fonseca

Sumário

Introdução 9

Parte I – Corpo saudável 13

    Capítulo 1 – Alimentos orgânicos 16

    Capítulo 2 – Chás que curam e hidratam 24

    Capítulo 3 – Os "superalimentos" 67

    Capítulo 4 – Receitas saudáveis..95

    Capítulo 5 – Limpando-se por fora e por dentro..................114

    Capítulo 6 – Atividade física 121

    Capítulo 7 – Relaxe o corpo..133

Parte II – Emoções, mente e espiritualidade saudáveis 137

    Capítulo 8 – Técnicas de serenidade 140

    Capítulo 9 – Controle seus pensamentos 145

    Capítulo 10 – Orações, bênçãos e meditação 153

    Capítulo 11 – Cultive sua saúde espiritual 160

    Capítulo 12 – Palavras finais...181

Referências bibliográficas..185

Introdução

Estimado e querido leitor: depois de muita divulgação e de muita informação útil e positiva em busca de mais saúde e de mais qualidade de vida, resolvemos condensar neste livro as mais saudáveis atitudes que conhecemos. Não estão – e nem poderiam estar – todas, mas conseguimos reunir diversas e importantíssimas ações que temos divulgado em palestras, jornais, revistas, rádio e TV.

Toda vez que algum leitor encontrar neste livro alguma informação que lhe seja muito útil, e, após o aval de seu profissional de saúde, utilizá-la e se sentir muito feliz, melhor que antes dessa nova ação, ficaremos repletos de alegria, pois é essa a sincera e mais íntima intenção de nosso coração. Nossa maior alegria, querido leitor, é vê-lo saudável e muito feliz, e que isso o faça irradiar amor e bondade a todos os que estão à sua volta.

Procure sempre cultivar a saúde e não esperar o inverso, para depois ter de cuidar da doença. Tenha atitudes saudáveis para viver melhor e mais feliz! Alimente-se ao máximo com alimentos oriundos da agricultura natural certificada, ou seja, orgânica, biodinâmica, biológica, permacultura, etc.

Durante muitos anos, tivemos contato com a agropecuária tradicional, que usa agroquímicos e agrotóxicos, métodos conhecidos da agricultura brasileira e mundial. Porém, isso nos trazia muita tristeza, não gostávamos de ver veneno sendo jogado na natureza. Isso nos incentivou a mergulhar no universo da agricultura orgânica, e a entender um pouco mais, com cursos, leituras e novos conhecimentos. Cada um de nós fez isso em seu caminho próprio, um com o cultivo doméstico de vegetais sem agrotóxicos, e outro de uma forma mais profissional, com um sítio funcional de desenvolvimento de agricultura orgânica e biodinâmica. Aprendemos na prática que é possível, sim, produzir um alimento saudável sem a utilização de agroquímicos. Quando você consome esse alimento, parece que seu organismo inteiro agradece, tanto no aspecto físico como no mental, emocional e espiritual.

Junto ao estudo e à prática da nutrição saudável, familiarizamo-nos e exercitamos diversas técnicas de bem-estar e qualidade de vida, como shiatsu, quiropatia, reflexologia podal, acupuntura, auriculoterapia, reiki, agricultura biodinâmica, apicultura, fitoterapia, massagens, moxabustão, ventosa, exercícios físicos e outras. Passamos a utilizar esse aprendizado primeiro em nós mesmos, depois em nossos familiares, amigos, ou seja, nós e as pessoas mais próximas fomos nossas próprias "cobaias" para que pudéssemos vivenciar a validade e a praticidade dessas técnicas.

Costumamos chamar todas essas práticas de *técnicas da medicina complementar* (TMC). É importante que fique bem claro que medicina alternativa não existe, porque quando se fala em "alternativa", exclui-se o restante. Não. A arte de curar, a arte de minorar o sofrimento do outro, é uma só, seja ela medicina ocidental, como nós conhecemos e vivemos especialmente aqui no Brasil, seja medicina chinesa, hindu – conhecida como medicina ayurvédica –, ou até mesmo a medicina praticada pelos nativos peruanos, que já existe há mais de 6 mil anos, com técnicas extraordinárias e alimentos muito saudáveis.

Nas viagens que cada um de nós fez, descobrimos que a melhor maneira de se viajar é de carro ou a pé, para que se possa degustar o lugar, os costumes, as pessoas... e é muito importante que, de todas essas viagens, trouxemos conhecimentos de plantas, ervas e técnicas da medicina complementar. "Descobrimos" que diariamente nós necessitamos de uma nutrição saudável e de uma desintoxicação, uma limpeza.

Compartilhamos com o amigo leitor justamente esse conhecimento que adquirimos e pusemos em prática. Vimos que realmente funciona. Hoje, adotamos em nossa própria vida. Dessa forma, caso haja interesse, você poderá imediatamente utilizar alguma dessas técnicas para que tenha uma melhor qualidade de vida. É importante que o leitor saiba que sua saúde é responsabilidade sua, ou seja, a saúde de cada pessoa é responsabilidade dela própria.

E mais: este livro, em hipótese alguma, sugere que você deva deixar o tratamento que já vem utilizando, ou que você deva simplesmente abandonar o profissional de saúde que o acompanha. Não! É muito importante que você continue com seu profissional de saúde, mas adquira esse conhecimento para dialogar com ele e introduzir em sua vida técnicas que possam ajudá-lo, e muito.

O conceito holístico de saúde diz que não adianta só olhar o homem do ponto de vista da saúde física. É preciso considerar todos os aspectos: físico, mental, emocional, social, familiar, financeiro e espiritual. Um professor de medicina tradicional chinesa sempre diz:

> A medicina tradicional chinesa tem mais de 4 mil anos de existência; engloba uma série de técnicas, dentre elas a fitoterapia, acupuntura, massagens e exercícios físicos; cuida de uma população que é a mais numerosa do globo; é comum você encontrar na China pessoas com mais de cem anos de idade. Se bem utilizada, não possui efeito colateral nenhum.

No âmbito da saúde física, a pessoa deve ser observada como um todo, como ela respira, como ela se alimenta, como ela se trata, como funcionam seus rins e seus intestinos, como se hidrata, como pensa, como desempenha suas funções diárias na área de trabalho, lazer e descanso. É importante respirar bem, hidratar-se corretamente, dormir bem, tomar sol (em horários e com cuidados adequados), nutrir-se direito, praticar atividades físicas e limpar-se por dentro e por fora.

No campo da saúde mental, deve-se considerar como a pessoa se relaciona com os outros, como se comunica, o controle que tem sobre seus pensamentos, como programa sua mente, se pensa de maneira positiva ou negativa, se é otimista ou pessimista, etc. Nos aspectos espirituais, é importante observar que tipo de espiritualidade ou religiosidade possui, ou não, se pratica meditação, orações, agradecimentos, trabalho voluntário, e outras ações.

Tudo isso é importante. Lembre-se: sua saúde é responsabilidade sua!

Parte
1

Corpo saudável

> Boa saúde física =
> nutrição saudável + limpeza e desintoxicação + atividade física

A saúde física estabelece-se quando a pessoa, em termos de corpo material, está se sentindo plenamente forte, feliz, desempenhando todas as funções que deve e pode desempenhar, obviamente com ausência de dor e de maneira a que todos os órgãos do seu corpo possam trabalhar de forma harmoniosa, equilibrada. Quando o corpo físico trabalha desenvolvendo todas as funções do dia a dia com vitalidade, vigor, alegria e bastante eficácia, dizemos que se está com boa saúde física.

Para se ter uma excelente saúde física, é necessária uma nutrição adequada, de preferência orientada por um nutricionista, e com alimentos orgânicos. Além disso, é preciso fazer uma limpeza e uma desintoxicação diária, e uma correta atividade física orientada de preferência por um profissional capacitado, ou seja, um educador físico, também conhecido por *personal trainer*.

Segundo os mais importantes estudos de preparação física, um bom treinamento compreende um leve aquecimento inicial, seguido de bom alongamento, depois um adequado treinamento, finalizado por um leve alongamento. Todo treinamento deve ser orientado e adequado para cada indivíduo, respeitando suas possibilidades e habilidades pessoais. Treinamento errado pode não surtir efeito algum ou causar sérias lesões músculo-esqueléticas. Aliás, um treinamento errado por vezes é pior que sedentarismo. Porém, nada traz mais bem-estar e qualidade de vida que um equilibrado e bem orientado treinamento. Por isso, procurar a orientação de um competente profissional é muito importante.

No que diz respeito à nutrição, seguramente a geração de hoje, especialmente aqui no Brasil, é a "geração sabor". Se o sabor é bom, independentemente de o alimento ser saudável ou não, todo mundo come. Mas se o sabor já não é tão bom, raras são as pessoas que comem. A busca prioritária é pelo prazer, por uma alimentação saborosa, esquecendo-se da alimentação saudável. É perfeitamente possível unir as duas situações, ou seja, sabor e saúde. Assim, mesmo que se coma, por exemplo, pizza todo dia, ou *fast food*, ou ainda uma alimentação com muitos doces, o que é muito errado, deve-se consumir alimentos mais saudáveis para que se possa minorar os efeitos tóxicos dessa alimentação errada.

Também gostamos muito de doces, pizzas, laticínios, frituras, mas procuramos comer o mínimo possível desses alimentos, sempre fazendo a ingestão de sucos verdes, chás, especialmente o chá verde e o de lípia americana, muita água, principalmente a água de coco, o suco de noni, o suco com maca, o suco com a batata yacon, o suco do gel da babosa, sucos de várias verduras verdes, a quinua, a linhaça e a aveia.

Capítulo 1

Alimentos orgânicos

Uma atitude importante para a saúde física, mais especificamente para a nutrição, é a utilização de alimentos oriundos da agricultura orgânica. É fundamental ter uma alimentação saudável, ou a mais saudável possível. Sabendo que o alimento saudável é a base para uma vida global melhor, procuramos nos alimentar com o máximo de alimentos saudáveis, produzidos de forma natural. O alimento orgânico é aquele que foi cultivado sem a ajuda de produtos químicos sintéticos, sem pesticidas e sem fertilizantes químicos nocivos, ou seja, aquele que nossos avós consumiam diretamente de seus quintais, plantados e colhidos com todo amor e carinho.

Esse alimento, além de oferecer excelentes nutrientes para que você tenha um organismo forte, bonito, saudável e feliz, também traz substâncias que auxiliam muito na prevenção de doenças, em especial na desintoxicação do organismo. São os chamados fitoquímicos, substâncias que previnem um sem fim de doenças, incluindo câncer, mal de Alzheimer, artrose, diabetes, etc.

Em termos gerais, a agricultura orgânica preserva e enriquece o solo, a flora, a fauna e a nossa vida. Engloba uma série de técnicas que absolutamente não utilizam agrotóxicos ou agroquímicos, usam apenas adubos naturais, especialmente estercos misturados com palhas, restos de alimentos, e que depois de curtidos são chamados de compostos. Utiliza também uma série de outras técnicas, como o plantio de leguminosas e de outras gramíneas, que serão incorporadas ao solo como massa verde, enriquecendo-o de matéria orgânica. Na rotação de culturas, usam-se produtos naturais orgânicos para o possível controle de pragas e de doenças, e sementes orgânicas de terceira geração, entre outros elementos naturais.

Na agricultura orgânica, é muito importante também saber quem é sua vizinhança, especialmente se a água que você utiliza para a irrigação passa no sítio de outras pessoas que podem utilizar agrotóxicos e assim contaminar seu solo.

Em termos de agricultura orgânica, o Peru é um país bem adiantado. Lá ainda existe solo que jamais viu algum tipo de agroquímico. Do ponto de vista da alimentação saudável, pode-se dizer que os nativos do Peru são um dos que mais a praticam. Isso porque eles têm acesso à quinua, um alimento espetacular, realmente um cereal de fácil digestão, super nutritivo, tanto em termos de energia como em quantidade de proteínas.

O Peru também tem uma série de plantas, de batatas (há mais de 4 mil variedades de batatas), mais de 50 tipos de milho de qualidade excepcional, que variam em tamanho e cores que vão desde o branco até o negro. Enfim, é um país realmente impressionante. E lá também existem outras plantas medicinais de qualidade excepcional, que nós no Brasil não temos, e que outras regiões do globo terrestre também não têm. Todos poderiam se beneficiar muito consumindo esses alimentos e fitoterápicos.

A agricultura orgânica é exatamente o inverso da agricultura convencional, que nutre mal e ainda traz produtos potencialmente nocivos ao nosso organismo. Além disso, é importante que a pessoa saiba que, ao comprar um produto orgânico, ela definitivamente contribui para a manutenção de um planeta preservado e saudável, com a consciência de que deixará um legado positivo para seus descendentes.

Como participantes da agricultura orgânica, sentimo-nos cada vez mais felizes em poder trabalhar nesse tipo de atividade, pois vemos e sentimos o real benefício que as pessoas têm: as que trabalham conosco e as que consomem. Recebemos inúmeros e-mails, telefonemas, e até cartas de apoio à nossa atividade agrícola. Todas as pessoas que trabalham nos cultivos dos orgânicos se sentem felizes e úteis em participar de um trabalho tão nobre, de um trabalho em que você pensa, em primeiro lugar, na valorização da vida. O lucro vem como uma consequência do trabalho, mas o mais importante é a valorização da vida.

Ser agricultor orgânico é, no fundo, uma declaração diária de amor a Deus e de respeito por suas obras. Ser agricultor orgânico é uma atitude muito positiva, que traz uma enorme alegria, por várias razões:

- Participar de um ciclo de tecnologia limpa.
- Ver os trabalhadores rurais saudáveis, felizes, sempre trabalhando na prática do bem.
- Produzir alimentos que geram excelente nutrição e excelente saúde.
- Preservar os rios, as matas, os animais e o ar.
- Preservar e enriquecer o solo.
- Enxergar o consumidor como um amigo que merece consumir o melhor.
- Deixar vida, saúde e esperança real para nossos descendentes.

Lembramos da importância de sempre verificar nos alimentos se há o selo de produto orgânico, ou seja, verificar se existe uma empresa certificadora que orienta e fiscaliza o produtor do alimento que você consome. O selo de produto orgânico é uma importantíssima garantia a mais que o consumidor tem para assegurar-se de sua compra.

Exija produtos orgânicos certificados porque a certificadora não é apenas uma fiscalizadora, mas, mais que isso, é uma orientadora, que está o tempo inteiro orientando seu agricultor certificado para que possa cada vez mais incluir práticas boas e saudáveis para todo o ecossistema e, obviamente, para o consumidor final. Portanto, é muito importante que você adquira um produto certificado orgânico. Além disso, as certificadoras estão se aprimorando, estão cada vez mais se dedicando a oferecer um serviço de altíssima qualidade para que possa atestar o bom produto final que será colocado à disposição do consumidor.

Estudos complexos realizados pelo doutor Michael T. Murray (naturopata norte-americano que se formou na cidade de Seattle, no Estado de Washington) sobre o problema dos agroquímicos nos EUA constataram que, em 1985, cada americano consumia indiretamente 5 quilogramas de pesticidas por ano. A imprensa escrita noticiou que, no Brasil, esse número, em 2002, girava em torno de 2 litros por habitante por ano. O doutor Murray alerta sobre os grandes riscos a curto, médio e longo prazo para a saúde, como, por exemplo, os problemas com câncer e má formação congênita. Outros grandes riscos, de efeito mais imediato ou quase imediato, abrangem vômito, diarréia, visão turva, tremores, convulsões e lesões aos nervos.

Muitos estudos realizados no Canadá, Austrália, Nova Zelândia e EUA comprovam que quanto maior a exposição a produtos químicos, maior o risco de linfomas. O naturopata esclarece que muitos produtos químicos hoje são proibidos em países ditos do primeiro mundo, e que são vendidos de forma ilegal nos países menos desenvolvidos, especialmente nos da América do Sul, nos quais ainda hoje são utilizados pesticidas, embora estejam totalmente proibidos.

Ele fala do pesticida DDT, que foi largamente utilizado de 1940 a 1973, e após esses anos foi proibido, embora, ainda hoje seja encontrado nos solos em análise e em alguns legumes, como a batata e a cenoura. Estudos realizados pelo *National Resources Defense Councial*, órgão público que cuida da defesa do meio ambiente, verificaram que 17% das cenouras analisadas ainda continham níveis detectáveis de DDT. Seguramente, em muitos lugares do Brasil, esse DDT ainda é utilizado de forma ilegal, no mercado paralelo. Imagine o impacto e os problemas decorrentes da utilização desses agroquímicos nocivos à saúde da população e obviamente ao meio ambiente!

A história dos pesticidas nos EUA está cheia de casos em que são aprovados e, depois de alguns anos, retirados do mercado, por reconhecerem-se os riscos que causam à saúde. O próprio doutor Murray, em sua obra *O Livro completo dos sucos*, menciona uma quantidade enorme de agroquímicos que atualmente são utilizados na lavoura, e até enumera as culturas que são de maior risco, como, por exemplo, nos brócolis, que podem ser usados mais de 50 pesticidas diferentes, nas maçãs, que recebem mais de 110 tipos de agroquímicos, nos pimentões, em que são empregados mais de 70 tipos, e assim por diante. Outra coisa também interessantíssima é que o tomate, por exemplo, até chegar às nossas mesas recebe em torno de 70 aplicações de agroquímicos desde o início do plantio até a colheita.

Esses agroquímicos são sistêmicos, ou seja, estão em toda a planta. Não adianta querer lavar ou tirar a casca que não se conseguirá retirar todo o produto. A maior parte dos agroquímicos tem efeito cumulativo, isto é, consegue-se eliminar uma pequena porção, mas uma grande parte acaba ficando acumulada no organismo. Com o passar do tempo, você vai acumulando, acumulando, até que o organismo não consegue mais, digamos assim, eliminar o efeito tóxico desse agroquímico, e você começa a ter uma série de problemas de saúde. Essa é uma das razões pelas quais, mais ainda, se faz necessário que se adote e se seja praticante, incentivador e fiel consumidor de produtos orgânicos.

Veja que interessante: o estudo mostra que os fazendeiros, teoricamente, deveriam ter uma excelente saúde, uma vez que comem alimentos frescos, respiram ar puro, trabalham em uma atividade saudável e muitas vezes evitam hábitos nocivos, como o excesso de álcool e fumo, e se exercitam bastante. Porém, o que ocorre de fato é que essas são as pessoas mais afetadas pelos agroquímicos nocivos, contraindo com mais frequência câncer, inclusive linfomas, leucemia e vários outros tipos de câncer, especialmente de estômago, próstata, cérebro e pele.

No interior de São Paulo, em lugares em que se utilizam muitos agroquímicos nocivos, já é possível observar o nascimento de muitas crianças com má formação congênita, e também o aumento do índice de pessoas com câncer. O doutor Murray lembra que estudos científicos feitos em animais mostram que alguns desses agroquímicos possivelmente nocivos são seguros nos testes realizados, só que, na prática, o que se observa nos seres humanos não é nada disso. Ele fala algo importante: os agricultores e pecuaristas que mais utilizam esses produtos químicos nocivos estão adoecendo mais.

As lavouras consideradas mais preocupantes, pela ordem, são as de tomate, beterraba, batata, laranja, alface, maçã, pêssego, trigo, soja, feijão, cenoura, milho e uva, e a criação de porcos e galináceos (em função, especificamente, dos hormônios ou dos chamados "promotores de crescimento" que estão sendo aplicados nesses animais). Estudos mostram que os agroquímicos sintéticos e/ou nocivos ao meio ambiente e à nossa saúde podem ser causadores da baixa fertilidade, da infertilidade e da impotência humana. Mais uma importante razão para se dar preferência aos orgânicos.

É muito importante que você prestigie os alimentos orgânicos. Não selecione seu alimento só pelo preço, pois você pode acabar pagando muito caro por sua saúde! Valorize mais sua saúde, valorize mais seu alimento. Valorize quem produz alimentos com amor. Você fará um enorme bem para si mesmo, para sua família e para todo o planeta. Deixará um legado altamente positivo para as gerações futuras.

Muita gente pensa que o alimento orgânico é caro para o consumidor final porque o agricultor orgânico quer ter mais lucro, mas isso absolutamente não é verdade. O que ocorre é que, muitas vezes, ele acaba perdendo a produção, pois muitos produtos – a exemplo do tomate – produzem até 50% a menos em relação ao cultivo convencional. Produz-se bem menos e, muitas vezes, perde-se quase todo o produto, porque não pode ir ao mercado por uma manchinha na casca ou uma formação do fruto não tão bonita aos olhos do consumidor. Infelizmente, se tratamos mal o produtor de nosso alimento, desvalorizando seu trabalho, o agricultor continuará colocando veneno em nossa comida.

O consumidor hoje está mais voltado a comprar com os olhos e não vê a real qualidade do produto: com que água foi regado, com quais técnicas agrícolas foi produzido, etc. Muitas vezes, o consumidor faz economia de um, dois reais por compra, deixando de comprar um alimento orgânico, e depois adquire alguma coisa supérflua, por um valor muito superior à economia anteriormente feita. Pensa na falsa economia que acabou de fazer em seu alimento e compra aquele eletroeletrônico, aquela roupa, ou sabe-se lá o quê, como se fosse mais importante que o alimento que consome.

Aliás, muita gente sofre de problemas psíquicos, síndromes diversas, e certamente isso está diretamente relacionado aos agroquímicos nocivos. Não é só a exposição mental aos maus pensamentos da mídia; existem os reais fatores químicos que podem levar a pessoa à depressão. Alimentos com agroquímicos nocivos podem causar reações químicas indesejadas, inibindo a produção de uma série de hormônios, e de uma série de vitaminas, que acabam fazendo o organismo adoecer, afetando todos os aspectos – físico, mental e emocional – do consumidor desinformado.

Os órgãos públicos também fizeram, com certeza, suas pesquisas, e chegaram à conclusão de que a agricultura orgânica é a mais barata para a sociedade, porque no médio e no longo prazo, o planeta todo se mantém preservado, as pessoas se mantêm mais saudáveis. O produto final aparentemente é mais caro. Porém, quanto custa a recuperação de um solo totalmente degradado e todo envenenado? Quanto custa recuperar um lençol freático? Você já procurou saber, só no Estado de São Paulo, quantos poços artesianos e semi-artesianos estão hoje fechados por não terem mais condições de oferecer água potável? Quanto custa ao sistema social do país ter pessoas doentes ou inválidas? E quantos dias de trabalho se perdem com pessoas doentes, em função da utilização de agroquímicos nocivos?

Pessoalmente, temos observado isso, porque conhecemos regiões em que existem os plantios convencionais de batata, tomate, morango, alface, estufas produzindo sementes, nas quais se utilizam quantidades absurdas de agroquímicos nocivos, e temos visto a população adoecer cada vez mais, os agricultores, as pessoas todas que estão envolvidas. Isso é uma coisa, infelizmente, muito triste, mas seguramente os governantes já fizeram suas contas e perceberam que no médio e no longo prazo é infinitamente mais barato para a sociedade a agricultura orgânica. Então, é muito importante que você veja o todo e não apenas o preço final de um produto. Os governantes já possuem a consciência da importância que a agricultura orgânica representa na preservação do meio ambiente. Portanto, sem sombra de dúvidas, essa agricultura será cada vez mais praticada e incentivada.

O agricultor orgânico é quase um herói, um idealista acima de tudo, um ser de visão e de muito amor pelo dom da vida que Deus nos oferece. Lembre-se de que não adianta você buscar um remédio específico, um chá especial, algum alimento, alguma erva, algum exercício físico, alguma coisa específica para adicionar ao seu dia a dia se você está com sua base totalmente desprotegida, consumindo qualquer tipo de alimento, com uma alimentação totalmente errada e cheia de agroquímicos nocivos.

Como sempre dizemos, sua saúde é responsabilidade sua, e, diariamente, necessitamos de uma boa nutrição e de uma boa desintoxicação. Alimente-se com consciência, alimente-se com amor. Consuma alimentos orgânicos.

Capítulo 2

Chás que curam e hidratam

Hidratar-se é fundamental para o correto funcionamento do organismo. Todos nós sabemos o quanto é importante uma ingestão adequada de água diariamente, mas quase sempre negligenciamos isso. Todos os organismos vivos apresentam de 50% a 90% de água em si, e o próprio corpo humano é constituído de 70% de água que, em constante movimento, hidrata, lubrifica, aquece, transporta nutrientes, elimina toxinas e repõe energia, entre inúmeras outras funções.

Beber chá é uma maneira interessante de se hidratar, pois, além de repor a água, permite consumir fitoquímicos saudáveis, preventivos de doenças. Ao ingerir chás, deve-se tomar alguns cuidados importantes: o uso indiscriminado de chás ou o uso constante de uma erva medicinal por longo período pode inibir o efeito positivo da planta em nossa saúde, bem como trazer possíveis efeitos indesejados à boa saúde. O professor Panizza dizia que a diferença entre o remédio e o veneno está na dosagem. Isso quer dizer que se deve procurar sempre alguém especializado e profundo conhecedor das plantas para se informar, antes de utilizá-las.

Quando for utilizar alguma planta em sua dieta, informe seu médico de que fará uso dela, pois algumas delas podem não ser adequadas para o seu caso. Converse com o profissional de saúde que o assiste, diga que pretende introduzir em sua dieta um chá, uma erva ou um novo alimento, para que ele o auxilie na avaliação das vantagens ou desvantagens dessa nova prática. Tenha em mente que, quando for consumir um novo chá ou alimento com o qual não está acostumado, e estiver em tratamento médico, deve sempre informar o médico dessa sua intenção e jamais abandonar um tratamento médico. Não julgue que um chá "a", "b" ou "c" é milagroso e resolverá todos os problemas de saúde da sua vida.

Se você pretende incluir algum chá ou erva na sua dieta, ou algum alimento com o qual não está habituado, deve sempre começar com uma quantidade pequena. Se for chá, inicie em doses fracas para verificar se seu organismo está apto a consumir esse alimento. Se o organismo aceitar, pode ir aumentando a quantidade, sempre usando do bom senso e observando seu organismo. Pessoalmente acreditamos que, utilizando-se de alguns chás diariamente, você poderá praticar uma prevenção de diversos males e manter a boa saúde e a qualidade de vida.

Um exemplo de uso é: na segunda-feira pela manhã, consuma chá de erva-doce, e à tarde, chá verde. Na terça-feira pela manhã, tome chá de camomila, e à tarde, chá verde. Na quarta-feira pela manhã, chá de alecrim, e à tarde, chá verde. Na quinta-feira pela manhã, beba chá de melissa, e à tarde, chá verde, e assim sucessivamente. Normalmente, não misturamos ervas, mas sim tomamos separadamente seus chás ao longo do dia.

Quando se vai viajar para fora do Estado ou do país, na mala de viagem, sempre leve seu chá com um aquecedor de água, no intuito de usar no hotel para fazer o chá. Leve também chá mate, que pode ser tomado com água fria e é muito saboroso, e a carqueja em cápsulas, para poder tomar de manhã cedo, especialmente porque ela é um grande desintoxicante, digestivo, um regulador geral das funções do fígado. Às vezes, comemos algo pesado, uma comida diferente que pode não cair bem, por isso sempre tenha a carqueja à mão.

Consumindo cápsulas, acaba-se perdendo muitas propriedades da planta, mas, quando se viaja, levar cápsulas pode ser bem prático de transportar, já que se abre a cápsula, coloca-se o pó na água em temperatura ambiente, deixando descansar à noite. Depois, é só beber pela manhã. É uma maneira excelente de se aproveitar os benefícios das plantas. Muito importante salientar que o chá de saquinho acaba perdendo muitas propriedades, pois quando se mói a erva para depois ensacar, ela começa a perder rapidamente suas propriedades. Por isso, a planta seca, inteira, é muito melhor para ser utilizada.

Existem ervas que se dão bem dentro do saquinho e que não perdem suas propriedades, como, por exemplo, a erva-doce ou a flor de lavanda, se for retirada a semente e só colocada no saquinho. Porém, todas as plantas que precisam ser trituradas para serem colocadas no saquinho, como o capim-cidreira, a carqueja, a camomila e outras, acabam perdendo muitas propriedades. Perdem o aroma, o sabor, a cor; por isso, o chá de saquinho, normalmente, é de qualidade inferior ao chá feito com as plantas frescas ou secas, inteiras.

Outro lembrete importante é que existem plantas que podem ser tóxicas se consumidas frescas, como, por exemplo, a folha do sabugueiro. Por isso, é muito importante que a pessoa saiba que, antes de tomar um chá, ela deve conhecer o que está usando, já deve ter informações suficientes para poder usar. Normalmente, quando você seca e ferve uma planta, ela já perdeu o efeito tóxico. Isso acontece até com as folhas da mandioca que, se ingeridas frescas, podem até matar. As folhas da mandioca são comidas no Norte do Brasil cozidas, pois perdem o efeito tóxico. A raiz da mandioca já não tem esse problema.

Veja, a seguir, alguns tipos de chás, informações sobre as ervas, seus usos e principais aplicações.

Chá verde

O chá verde é feito a partir da infusão de uma erva conhecida cientificamente como *Camellia sinensis*. Leva esse nome por ser originário da China *(sinensis* significa chinês) e é chamado de chá verde porque as folhas, no seu preparo, sofrem pouca oxidação, permanecendo verdes, o que não acontece com o chá preto. A *Camellia sinensis* é um arbusto que produz tanto o chá preto como o banchá, o *oolong* e o delicioso chá verde.

Pode-se comparar o mundo do chá verde com o mundo do vinho. Em cada região, existem muitos produtores de chá verde. Há muitos produtores na China, no Japão e em outras localizações em que se produz o chá verde, até no próprio Ceilão, na Índia. Mas o mais saboroso e o de melhor qualidade, indiscutivelmente, ainda é o chá verde japonês. O chá verde foi levado da China para o Japão pelos monges budistas, e passou a ser um alimento obrigatório na dieta. Hoje é a bebida mais consumida no Japão, batendo qualquer refrigerante, tamanha a importância que esse chá tem na cultura japonesa. Além disso, também é o chá utilizado na famosa cerimônia do chá.

O chá verde possui muitas categorias, realmente é muito parecido com mundo dos vinhos. Cada produtor, cada microclima, cada maneira de processar a folha traz um resultado final de sabor, cor e aroma diferentes. Existem categorias que são cultivadas em plantações cobertas, ou seja, antes da colheita. São cobertas, normalmente, por 30 dias, e os melhores chás são coletados no início da primavera, com folhas tenras. Das plantações cobertas, o chá mais famoso é o *gyokuro*, que é processado de uma forma muito especial. Considerado um chá nobre, tem um sabor delicado, adocicado, um aroma inigualável e é um chá excelente. Seu rendimento como bebida é também excelente. Aparentemente, também seu valor é alto, de 100 dólares a 300 dólares o quilo, só que se costuma usar uma quantidade pequena, pois 100 gramas desse chá são suficientes para se tomar durante um mês inteiro.

É óbvio que toda maneira de processar muda completamente o sabor e o preço do produto final que você adquire. Então, como regra geral, não consuma o chá verde pelo preço; consuma o chá verde japonês, compre os chás melhores, de preços mais altos. Assim, você estimulará a produção de chás melhores e os resultados serão mais benéficos à sua saúde.

Das plantações descobertas, o chá mais consumido no Japão é o *sencha*. Esse é o tipo mais comum, embora existam plantações de *sencha* de valores bem altos, porque ele tem uma série de propriedades muito saudáveis e é colhido das folhas mais tenras do início da primavera. Conforme a variação da coleta, da qualidade das folhas e da época do ano, o valor do produto final, no nível do mercado, é bastante diferente, normalmente bem mais baixo.

O *genmaicha* é aquele que tem "pipoquinhas de arroz". Ele tem o aroma do arroz e parece que se está consumindo um chá feito com pipoca. Isso ocorre porque o arroz é tostado. É muito importante que a proporção do arroz e do chá verde seja bem equilibrada, para que não tenha um sabor de arroz ou aquele sabor de pipoca queimada muito forte. É necessário que seja uma porção maior de chá verde e uma porção menor de arroz.

O *banchá* é um meio termo: ele nem fica tão escuro como o chá preto e nem tão verde como o chá verde, sendo uma variação deste. É muito usado por ser mais barato e por seu consumo ser mais acessível. Os japoneses usam muito esse chá, que é colhido entre o verão e o outono, e não tem um sabor muito delicado, mas é muito refrescante.

Chá preto e chá branco

Os três tipos de chás, branco, preto e verde, são feitos da mesma planta, a *Camellia sinensis*. O que varia é o modo de uso e o processamento das folhas. No chá preto, o tipo de processamento faz com que ele fique torrado, tostado. Possui também propriedades medicinais importantes: comprovadamente, as mulheres inglesas sentem menos efeitos de menopausa, menos calores, em função do consumo diário de chá preto, mostrado por vários estudos. Esse chá tem bastante cafeína, que em excesso causa problemas, mas também é verdade que a cafeína é um alcalóide que traz muitos benefícios à saúde. Está comprovado que a cafeína tem uma ação muito grande como tônico do organismo, rejuvenescedor, fortalecedor, animador e estimulante cerebral. A cafeína realmente é um tônico para que você tenha mais vitalidade, mais força de trabalho e mais força de ação no seu dia a dia.

O chá branco é preparado com as folhas bem tenras da *Camellia sinensis*, antes de ela se abrir plenamente.

> Pessoalmente, acreditamos que deva ter um valor importante na saúde, embora não saibamos de grandes estudos ou de grandes experiências com esse chá. Até o presente momento, preferimos consumir o chá verde, muito mais estudado, com resultados práticos milenares e bastante conhecidos mundialmente.

Propriedades químicas e benefícios para a saúde

O chá verde tem como propriedades principais em sua composição os flavonoides, especialmente a catequina, que comprovadamente é um anticancerígeno para alguns tipos de câncer. Também contém taninos, vitamina C, vitamina K, vitaminas B1 e B2, potássio e ácido fólico (vitamina B9). Realmente, é um alimento muito importante na dieta diária.

O chá verde é muito rico em taninos, que faz diminuir as taxas do LDL, conhecido como o colesterol ruim. Fortalece as artérias e veias, favorecendo a prevenção de doenças cardíacas e circulatórias; possui bioflavonóides e as catequinas, substâncias que bloqueiam as alterações celulares que dão origem aos tumores; possui também manganês, potássio, ácido fólico, vitaminas C, K, B1, B2, ou seja, elementos fundamentais, em especial para as mulheres que sofrem com a TPM. É também excelente para prevenir calores e outros problemas causados pela menopausa, para manter saudáveis as células, prevenindo assim o envelhecimento celular.

É usado como um excelente digestivo para problemas estomacais, intestinais, melhorando muito a função intestinal. Quando se tem uma queimação no estômago, porque se consumiu alguma fritura, algum alimento mais pesado, após tomar o chá verde, imediatamente sente-se um grande alívio. É um ótimo auxiliar nos regimes de emagrecimento. Excelente para problemas circulatórios, melhora a circulação sanguínea do corpo todo, e é hipoglicemiante, por isso se deve tomar junto com os doces. Além disso, é um anticancerígeno bastante poderoso, pois muitos estudos científicos mostram que esse chá é muito indicado para prevenir o câncer de mama, de cólon e do intestino. É um alimento dos mais especiais, com inúmeras utilizações, desde o uso interno até o uso externo, para reduzir oleosidade da pele, como cicatrizante e como rejuvenescedor do tecido da pele. A literatura cita o chá também como antialérgico, preventivo de úlceras, preventivo de cárie dentária, e desintoxicante geral do organismo. Auxilia na prevenção da dor de cabeça. Em excesso, pode causar excitação no sistema nervoso.

A proporção de chá verde que deve ser colocada por xícara varia de pessoa para pessoa. Como isso é muito individual, sugerimos colocar uma colher de café cheia de chá verde, dentro da peneira, e depois acrescentar a água. Muita gente pergunta: *"E o chá verde que se compra em cápsulas, e o chá verde que se compra enlatado, pronto para consumo?"*. Têm alguma propriedade, mas não é tão benéfico, e jamais como o que se prepara na sua casa.

Outra pergunta muito frequente é se o chá que vem em saquinhos também é bom. A maioria dos chás verdes que são colocados nos saquinhos são de baixa qualidade. Os de boa qualidade em saquinho são apenas os japoneses, que têm um preço elevado. Espero que o Brasil em breve tenha também chá verde de excelente qualidade. Quanto ao chá verde orgânico e de boa procedência, é muito difícil encontrá-lo. Seria o ideal, porque aí sim se teria uma folha totalmente livre de agroquímicos que possam ser nocivos.

Uma dica prática para quem tem cães: "regue" a ração do seu cachorro com chá verde para umedecê-la um pouco. Ficará mais suave para ele morder e também para que ele aproveite os benefícios do chá verde na sua dieta.

Experiência do autor

Utilizo o chá verde desde 1991, e a primeira vez em que o consumi foi em um consultório de acupuntura em São Paulo. Após a sessão de acupuntura, ofereceram-me um chá verde com "pipoquinhas de arroz", ou arroz tostado, conhecido pelos japoneses como *genmaicha*. É um harmonizador extraordinário do estômago, porque o arroz funciona como um calmante estomacal. É um alimento muito importante para que se mantenham bons níveis de colesterol e assim conserve o corpo esbelto e livre de gorduras excessivas. É importante para a preservação celular, pois retarda o envelhecimento ao livrar o organismo dos radicais livres, retirando também uma série de toxinas. É hipoglicêmico e, por isso, em qualquer tradicional casa de doces japonesa, ao pedir um doce, imediatamente servem a você uma xícara de chá verde para consumir junto com o doce. Desse modo, o organismo elimina mais rapidamente o açúcar e não causa uma sobrecarga no pâncreas.
A minha experiência pessoal é que se trata de um estimulante suave, pois contém cafeína e, se tomado à noite, pode tirar o sono. Em excesso, causa insônia. É ótimo para combater a azia, é realmente um emagrecedor, hipoglicemiante e excelente para a boa circulação sanguínea. Existe também uma variação muito grande na maneira de fazer o chá em casa. Como regra geral, gosto muito da garrafa térmica japonesa, que é elétrica, e tem um consumo de eletricidade baixo. Essa garrafa térmica tem a qualidade de primeiro ferver a água e depois mantê-la a 80ºC, que é a temperatura ideal. Se você não tem essa garrafa, a dica é observar quando a água começa a querer soltar bolhas da panela, pois já está em torno da temperatura ideal. Para o chá verde não é recomendado deixar a água ferver. Uso muito aquela peneira especial, pois quando você puxa a peneira, o chá já está coado. É o modo mais saudável de preparar esse chá.

Pela maneira como esses chás são processados, suas folhas se encolhem e ficam secas, e, quando você põe na água quente, a 80ºC, elas abrem e soltam todo o seu aroma, liberando todos os princípios ativos benéficos para a sua saúde. Se você apenas der uma breve molhada nas folhas e deixá-las por menos de um minuto, você terá uma qualidade de chá com uma série de princípios ativos importantes para sua boa saúde. Se você esperar mais tempo, uns três minutos ou mais, ele ficará mais forte e, segundo alguns especialistas, perderá algumas propriedades, mas em compensação concentrará outras, especialmente o tanino, que melhorará muito o funcionamento do intestino.

Como dica, se você quiser um chá verde extremamente laxativo, que obviamente não é tão laxante como o chá de sene, nem tão pouco laxante como a cáscara sagrada, que são dois laxantes muito fortes, ferva a água, jogue um pouco de chá verde e deixe-o cozinhar por um ou dois minutos. Como resultado final, há um produto bem laxativo, que, segundo especialistas, já perdeu alguns princípios ativos, inclusive aqueles que seriam mais favoráveis na proteção contra o câncer, mas, em compensação concentra outros princípios ativos que o tornam laxativo e mais digestivo.

Como regra geral, tomo o chá verde bem suave pela manhã, e, à tarde, tomo-o mais forte, aproveitando todos os benefícios que pode oferecer. Eu o consumo todos os dias. À noite não, pois me tira o sono. Às vezes, quando como uma comida muito pesada no jantar, faço um chá verde e tomo apenas dois goles, que eu considero suficientes para estimular a boa digestão, e deixo o restante para bochechar pela manhã (veja mais sobre bochechos adiante neste livro). Dica prática: quando se deixa o chá da noite para o dia, para fazer o bochecho, não retire as folhas de dentro da água; só coe na hora em que for fazer o bochecho, para que o chá não oxide. Se você tirar as folhas à noite para fazer o bochecho, no dia seguinte ele vai estar oxidado, ou seja, perderá 90% de seu valor.

Outra coisa impressionante é quando você consome um alimento e depois faz um breve bochecho ou toma o chá verde; ele é excelente para secar a boca, assim como o vinho tinto, quando você come uma comida gordurosa. Se deixar o vinho tinto preencher a sua boca, ou o chá verde, ele retirará toda a gordura e também

> auxiliará na prevenção da cárie dentária. Não é indicado que se consuma o chá após as refeições porque pode inibir a absorção de ferro; porém, fazer um breve bochecho não traz problema. Por isso, recomendo sempre tomar o chá verde antes das refeições. Também gosto muito de, ao final do banho, enxaguar-me com o chá. Ele é bom para o cabelo, e acredito sinceramente que retarda seu branqueamento e a calvície, embora eu seja a pessoa menos indicada para falar sobre isso, pois sou calvo, porém bem menos que meu pai e meus avós na minha idade, e penso que isso ocorreu em função dos alimentos que consumo, especialmente do chá verde.
>
> *José Estefno Bassit*

Restrições ao uso

No caso das mulheres grávidas, normalmente consumir chá verde não traz problema nenhum, mas deve-se observar que todo chá deve ser usado com cuidado por mulheres na gestação. Não se deve tomar após a refeição para não impedir a absorção de ferro. Pessoas com problemas cardíacos, como arritmia cardíaca, devem tomar cuidado com esse chá. A superdosagem costuma causar irritação gástrica.

O chá verde, como regra geral, serve para muitas pessoas. Porém, podem existir aqueles que, em um determinado momento de sua vida, estejam com seu organismo não apto a aceitar esse chá. Podem ter enjoos, náuseas, diarreia, ardor no estômago. Mas em geral há benefícios, como melhorar a digestão, acabar com a azia, sentir-se mais forte, mais alegre, melhorar a diurese, melhorar o funcionamento do intestino e a circulação sanguínea. E é um chá seguro: pode-se tomar o ano inteiro, todos os dias, normalmente sem problema algum.

Chá mate

O chá mate é mais conhecido no sul do Brasil, e dele é preparado o tão famoso chimarrão, e, nos lugares mais quentes do Brasil, é conhecido e tomado como tererê. O chá mate tostado, muito consumido nas praias do Rio de Janeiro, bem gelado e com limão, também é feito a partir da mesma planta, porém com um modo diferenciado de processamento. No beneficiamento da erva para o chimarrão e para o tererê, ela deve ser levemente tostada no fogo antes de ir para a secagem realizada tradicionalmente em fornos à lenha.

Seu nome científico é *Ilex paraguariensis*. É uma árvore muito comum no Paraguai, Argentina, Uruguai, Chile e em nosso país, especialmente no Rio Grande do Sul, Santa Catarina, Paraná e Mato Grosso do Sul. É uma planta nativa das Américas e principalmente das regiões altas. Os maiores processadores no Brasil estão no Rio Grande do Sul, Santa Catarina e Paraná. Existem também plantios orgânicos em ritmo cada vez mais crescente.

As folhas do chá mate são usadas para fins medicinais e para fins alimentícios. Hoje é uma das ervas mais importantes, principalmente no Estado de Santa Catarina, sendo processada, inclusive, para exportações cada vez mais numerosas. No sul do Brasil, Uruguai, Argentina e Paraguai, o mate é consumido na forma de uma bebida típica, em um tipo de "cerimônia do chá das Américas" ou "cerimônia do chá mate". As pessoas sentam-se em círculo, contam histórias, promovem uma confraternização, e "fumam o cachimbo da paz". Torna-se, assim, um alimento muito importante para os povos da América do Sul.

Propriedades químicas e benefícios para a saúde

O chá mate contém uma substância chamada mateína, que é um alcaloide, com efeitos no organismo similares aos da cafeína; por isso, é um chá muito estimulante, bastante digestivo e diurético. Possui taninos e vários flavonoides e saponinas. Possui um pouco de cafeína e o teor é maior nas folhas novas do que nas folhas velhas. Possui a teobromina, que também está presente no cacau.

Como regra geral, o uso do chá mate reduz a fadiga, melhora o apetite e ajuda a digestão. Tem mais de 250 substâncias importantes para o organismo. Dizem até que é útil na queima de gorduras e na redução do colesterol LDL. Seguramente o seu uso acelera o metabolismo. O uso do chá mate como uma medicação caseira contra a fadiga muscular e mental é conhecido internacionalmente. Em doses certas, ajuda no bom funcionamento intestinal e na digestão. Porém, se tomado em excesso, pode retirar o sono e ainda causar uma irritação gástrica muito forte.

Considero excelente para a fadiga, para a circulação e, sobretudo, para a atividade mental. É um comprovado estimulante do cérebro e também pode ser usado para uma lavagem corporal, para embelezar a pele, fazendo compressas locais ou usando-se no enxágue final do banho.

Utilização

O chá mate tem um sabor amargo e, em algumas regiões, é tomado quente, e em outras é tomado frio, normalmente sem adoçante. Os sabores da erva também variam muito: existem as mais escuras, outras mais verdes, mais claras, com sabor e cor melhores, com mais taninos ou com menos taninos. Como o vinho, em cada região há um tipo de processamento. Tudo influencia no produto final que vai ser consumido, que tem sabores totalmente diferentes.

Para consumir o mate, usam-se bombas e cuias, além de outros aparatos. Pode-se tomar em copo de vidro transparente, para que se possa ver o chá, em vez da cuia feita de cabaça (material retirado de árvores conhecido como calabaça). Quanto à bomba, pode ser de alpaca ou inox; a de alpaca não interfere muito no sabor da erva. Pode-se guardar o saco com a erva no congelador.

Se for tomado em grande quantidade, tirará o sono e poderá provocar uma gastrite muito grande, ou seja, uma irritação muito grande na mucosa gástrica. É verdade também que causa dependência: se se deixa de tomar o chá mate, pode-se sentir dor de cabeça. Se tomar uns goles, imediatamente essa dor passará. O mate acaba por causar dependência no nosso organismo.

No âmbito prático, não se deve ferver a água. Pode ser tomado também com água fria (nem gelada, nem quente), e, da erva moída para o tererê (que é uma moagem mais grossa), sem adoçante. Se deixar a água fresca com a erva de cinco a dez minutos, o chá fica bem forte.

O mate é muito saboroso e saudável. O cheiro das folhas secas recém-processadas, quando vêm da fábrica, é simplesmente maravilhoso; é um cheiro de campo ou mato. É também uma planta rica em clorofila, permitindo a absorção daquela cor verde da própria planta.

As cuias argentinas são lindas, diferentes da cuia tradicional gaúcha, a *guampa*, que é o chifre do touro do boi, muito usada no Mato Grosso do Sul. As bombas podem ter ou não o filtro, que é usado para não se ingerir nenhuma partícula da erva moída e também não deixar a bomba entupir.

No chimarrão que utiliza água quente, nunca se deve ferver a água. Ela deve ser quente mas não fervida. Um problema muito grave que está ocorrendo com frequência é a incidência de câncer de garganta. Não é provocado pela erva e sim pelo calor da água quente que se toma, quando ingerida muito quente. Ela vai queimando a garganta todos os dias, muitas vezes ao dia, e por isso causa, muitas vezes, problemas de garganta e de esôfago nas pessoas que costumam tomar chimarrão.

O posicionamento da erva dentro do copo ou da cuia, assim como a bomba, é muito importante. A bomba usada para o chimarrão, que é feito com erva de moagem bem fina e normalmente tomado com água quente, não serve para o tererê, que é bebido com água fria e tem a erva com uma moagem mais grossa. O inverso também é verdadeiro: normalmente a bomba do tererê não serve para ser usada para tomar o chimarrão. Quando se usa a proteção da bomba, que é o filtro já mencionado, pode-se utilizar as bombas tanto para o chimarrão quanto para o tererê.

Existem muitas variações desse chá. Há pessoas que colocam açúcar na água, e outras que adicionam limão.

Há ainda outras que o bebem com leite e acrescentam um pouquinho de noz-moscada moída. Esse é, sem dúvida, um mundo infinito de cor, odor e sabor.

Depoimento do querido e estimado amigo Paulo Severo, natural do Rio Grande do Sul, fiel torcedor do Colorado, letrado professor do chimarrão, fato nobre e tão amado.

Chimarão
símbolo da hospitalidade gaúcha

Paulo Luiz Paranhos Severo
Jornalista

Amargo doce que eu sorvo
Num beijo em lábios de prata
Tens o perfume da mata, molhada pelo sereno
É a cuia seio moreno, que passa de mão em mão
Traduz em meu coração, na sua simplicidade
Toda a hospitalidade de gente de meu rincão.
(*Claucus Saraiva*)

No Rio Grande do Sul, a hospitalidade é uma constante na vida do gaúcho. O mate, quer no núcleo familiar ou entre amigos, desempenha a função de agregador, pelo afetivo calor humano que transmite. Essa verdade pode ser constatada por todo aquele que cruzar pelos ranchos, galpões ou salas requintadas, em que a personalidade do gaúcho, por sua autenticidade, cultiva a amizade, estendendo o braço para oferecer o mate em gesto largo e franco, e de confiança. É na roda de mate que essa tradição assume seu apogeu, agrupando pessoas sem distinção de raça, credo ou posse material. Irmanados dentro desse clima de respeito, o mate vai integrando os homens, numa trança de usos e costumes que floresce na intimidade gaúcha.
Quando alguém é convidado a participar de uma roda de mate, deixa de ser um estranho para tornar-se um amigo, que recebe a

entrega da cuia de mate sempre com a mão direita e em primeiro lugar. Desde que os índios da nação guarani iniciaram a degustar a erva-mate em *porongos*, tinham para sugá-lo bomba de taquara, chamada de tacuapi, retirada entre dois nós de taquara e trabalhada de forma rústica.

Não só os gaúchos, mas também os platinos sabem do valor do *matear*, cada qual com sua erva "de gosto", sua cuia típica e sua bomba preferida e a água quente. Há no encontro de *matear* um elevado espírito de camaradagem. O ritual de tomar na mesma cuia e com a mesma bomba torna o uso comum de uma bebida que gera lealdade e franqueza, inspira afeições, estimula e desperta a sensibilidade por vezes expressa em versos como:

> *Tenho meu cavalo zaino,*
> *vermelho, cor de pinhão;*
> *fui à casa da morena,*
> *nem me deu um chimarrão*

Ou então esta outra que mistura amor e mate com fogo:

> *Amor queima como fogo,*
> *mas quando queima é que é amor;*
> *erva sem ser bem queimada*
> *não tem cheiro nem sabor*

> Essas trovas populares expressam o amor e importância que a erva-mate tem para o povo gaúcho. Há vários tipos de cuias de chimarrão, de *porongos,* trabalhados para o mate e também para o mate-doce, especial para as mulheres sorverem com açúcar, doces ou mel. Existem peças de cuias de porcelana criadas de forma artística e com estilos de época, fabricadas até na Europa, verdadeiras relíquias, destinadas às mulheres e ao seu ato de *matear.* As bombas são feitas de vários metais, de prata ou com adornos em ouro, sempre de 12 quilates por causa do calor da água, de aço e também de alpaca. Para carregar o chimarrão, há bolsas de couro que condicionam a erva-mate, a garrafa térmica para água quente, a cuia e a bomba. São bolsas trabalhadas de forma a expressar com detalhes motivos gaúchos e animais do Rio Grande do Sul.

Restrição ao uso

Tradicionalmente, pessoas com gastrite, com úlceras, ansiosas, agitadas, intolerantes a essa erva, e mulheres grávidas que não tenham o hábito de usá-la devem evitar o mate.

Capim-cidreira

O nome científico é *Cymbopogom citratus* (D.C.) e é muito conhecida popularmente como capim-limão, erva-cidreira, capim-cidró, capim-cidrão, dentre outros nomes, de acordo com cada região. Tem um perfume e um sabor deliciosos. É uma planta perene, de cultivo muito fácil, nativa da Índia, e muito apreciada e difundida em todo o Brasil.

Propriedades químicas e benefícios para a saúde

Essa planta contém óleos essenciais, como citral, geranial, neral e outros. Contém ainda saponina, B-sitosterol, n-hexacosanol, n-triacontanol, cimbopogonol dentre outros. É uma planta muito utilizada na medicina popular, para acalmar estados nervosos, melhorar a qualidade do sono, auxiliar na expulsão de gases intestinais e melhorar a digestão. Auxilia também no melhor funcionamento do intestino. É um hipotensor, e por isso pessoas com níveis de pressão baixos devem consumi-la com cuidado.

Utilização

Pode ser utilizada a planta fresca ou seca, mas a qualidade do sabor da erva fresca é muito superior. Algumas pessoas colhem as folhas, lavam, secam com pano, cortam em tamanhos de aproximadamente 6 centímetros e guardam em embalagens fechadas no congelador. Depois, é só retirar e utilizar, de três a seis pedaços de folhas congeladas por xícara de chá, banhadas por água próxima de ser fervida e abafada por 3 minutos. O sabor é excelente. Algumas pessoas preferem ferver as folhas por dois minutos e assim conseguir um chá mais forte, mais concentrado e mais aromático.

O chá dessa planta adquirido em saquinhos ou sachês não tem a mesma qualidade em sabor, mas pode ser uma opção válida para quem não pode ter a planta no quintal.

Um delicioso suco pode ser preparado no verão, com limão, água, gelo, açúcar e folhas de capim-cidreira. Bata tudo no liquidificador, coe em peneira bem fina e é só saborear. As quantidades podem ser preparadas segundo o paladar de cada pessoa, mas, como regra geral, use um limão, um copo de água de 200 ml, dois cubos de gelo, uma colher de sobremesa de açúcar cristal orgânico, e 20 a 30 centímetros de folhas de cidreira, por pessoa.

Cuidado para não consumir a planta poluída por automóveis, especialmente em beira de estradas. Tenha um cuidado especial também quando for cortá-las, pois cobras adoram descansar nas moitas do capim-cidreira.

Restrições ao uso

Contraindicada para quem tem hipotensão arterial ou pressão baixa, porque pode baixar ainda mais a pressão. Há sempre a contraindicação para mulheres grávidas e para pessoas que possam ter sensibilidade aos componentes dessa planta.

Erva-doce

O anis, chamado de erva-doce, recebe o nome científico de *Pimpinella anisum L.* Já era cultivada e cultuada por diversos povos da Antiguidade. Sua origem é asiática e hoje também é cultivada em todo o Brasil, para uso medicinal, culinário, na preparação de bebidas finas, cosméticos, e produtos de limpeza.

Propriedades químicas e benefícios para a saúde

Em sua composição química encontramos óleos como anetol, metil-chavicol e outros. Encontramos ainda cumarinas, flavonoides, esteroides e colina. Suas sementes são mundialmente empregadas para auxiliar a digestão, para combater gases, combater cólicas, como sudorífero para aliviar estados febris, aliviar dores de cabeça, como diurético, para problemas respiratórios, dentre outras utilizações regionalizadas. Seguramente é uma planta laxativa suave e de sabor muito agradável. Muitas pessoas utilizam-na para aumentar a lactação, mas recomendamos que isso seja feito sob supervisão médica.

Utilização

É uma planta utilizada mundialmente, pois tem um emprego muito amplo e um sabor muito agradável. Além das utilizações medicinais já mencionadas, quem gosta de comer uma deliciosa broa de milho ou bolo de fubá sem sementes de erva-doce? Quem não conhece as saborosas balas de erva-doce? Seu emprego culinário é muito amplo, sendo utilizada em doces, bolos, biscoitos e muitas bebidas finas levam erva-doce em sua composição. O licor de anis é um digestivo conhecido mundialmente e servido nas mais refinadas mesas do mundo.

É maravilhoso realizar o bochecho matinal, por 15 minutos, com chá de erva-doce. É saboroso e desintoxicante. O escalda-pés realizado com chá bem forte de erva-doce é extremamente relaxante e, no dia seguinte, nos levantamos revigorados. Seu óleo é utilizado para aromatizar ambientes, em cosméticos, especialmente para pele oleosas, em pastas de dente, como detergentes, lava-louças e outros.

Na horta, ele ainda é útil para afastar insetos que podem atacar as plantas. O tradicional chá é feito em infusão, usando-se uma colher de café de sementes por xícara. Deixa-se repousar por dois a três minutos e pode ser consumido puro ou misturado a chás menos saborosos, como a carqueja, como exemplo. O chá em sachês ou saquinhos tem boa qualidade, sabendo-se que a planta não perde sabor e nem princípios ativos.

Restrições ao uso

Há sempre a necessidade de cuidados para mulheres grávidas e para pessoas que possam ter sensibilidade aos componentes dessa planta.

Melissa

O nome científico é *Melissa officinalis* e é uma das mais excelentes plantas utilizadas na fitoterapia europeia. Foi trazida para o Brasil, onde está muito bem adaptada. Conhecida como erva-cidreira verdadeira, tem um aroma e um sabor deliciosos. É tão especial que as mulheres que se chamam Melissa deveriam orgulhar-se de seu nome.

É considerada uma planta mediterrânea, originária da Europa e da Ásia. Os árabes introduziram a planta medicinalmente no século X, especialmente para casos de ansiedade e depressão. É uma das plantas mais usadas hoje internacionalmente e está em quase todas as partes do mundo, pois é de muito fácil cultivo, plantada em lugares mais sombreados e com uma boa umidade na terra. Em lugares muito secos ou em pleno sol, acaba tendo as folhas queimadas, e assim não se desenvolve muito bem.

Propriedades químicas e benefícios para a saúde

Como constituintes, há o ácido rosmarínico, ácido cafeico, ácido clorogênico, ácidos triterpênicos, taninos, citranelol, linalol, geraniol, limoneno (substância que também existe no limão) e flavonoides.

A melissa é diurética, anti-inflamatória, hipotensora, excelente para quem tem hipertensão arterial. É um ótimo tônico para o coração, auxilia o bom funcionamento do sistema circulatório, e é poderosa auxiliar para as mulheres nos distúrbios da menstruação, indicada, inclusive, para nevralgias, tanto faciais como dentárias, crises nervosas, histeria e depressão. É excelente para distúrbios estomacais e intestinais, indicada para indigestão, enjoo, perturbação gástrica, flatulência, problemas hepáticos e biliares. Pode ser usada externamente e em especial para picadas de insetos. Enfim, é uma das plantas mais extraordinárias, com inúmeras aplicações.

Utilização

Suas folhas são boas para ser consumidas na salada, colocando de duas a três junto com o tomate ou como um dos ingredientes do molho da salada, com azeite de oliva extra virgem; fica maravilhosa, proporcionando um sabor muito bom. Pode-se também fazer água de melissa: coloca-se alguns galhos de melissa dentro de uma jarra com água em temperatura ambiente. Deixa-se descansar por três a seis horas e depois se pode beber, pois os princípios ativos e o sabor da melissa passam para a água. Tem um sabor extraordinário. É ainda um ótimo recurso para estimular o consumo diário de água.

Como chá, a erva pode ser utilizada fresca ou seca, colocando-a em uma jarra ou em uma xícara (mais ou menos seis folhas com água a 80°C), tampa-se e aguarda-se de três a cinco minutos, para depois saboreá-la. Principalmente pela manhã é muito boa para ajudar o organismo a ter uma melhor função renal e intestinal. É muito importante lembrar que consumir plantas oriundas da agricultura orgânica é sempre melhor.

Além disso, por ser uma erva muito saborosa, pode ser acrescentada a alguns chás, como, por exemplo, no chá de carqueja, que é muito amargo. Colocando-se um pouco de melissa, quebra-se o amargor forte da carqueja e obtém-se um sabor melhor. Isso somente se a pessoa não suportar o sabor da carqueja, pois seu sabor amargo, como o amargo de outros alimentos, é muito importante para a manutenção da boa saúde. Há um ditado antigo que diz: *"Se quiser ter um dia bem doce e feliz, consuma pela manhã um chá de sabor bem amargo"*.

Só para se ter uma ideia, a melissa é tida, em inúmeras literaturas, como uma planta muito recomendada contra dor de cabeça, problemas digestivos, cólicas intestinais, ansiedade, nervosismo e até mesmo, em alguns lugares, recomenda-se que se tome uma xícara do chá pela manhã e outra à noite, como um harmonizador geral do organismo.

Restrições ao uso

É contraindicada para quem tem hipotensão arterial ou pressão baixa, porque pode baixar ainda mais a pressão. Há sempre a contraindicação para mulheres grávidas e para pessoas que possam ter sensibilidade aos componentes dessa planta.

Carqueja

Seu nome científico é *Baccharis trimera*. Será que seu nome científico não sugere que o deus Baco, o deus da gula, podia comer tudo o que queria somente em função do chá de carqueja? Claro que isso é apenas uma brincadeira! A carqueja é uma planta conhecida há muito tempo e utilizada em toda a América do Sul, nativa desse local, especialmente do Brasil. Nasce nos pastos, nas pastagens, nos campos e, sobretudo, em lugares de morros. Os indígenas sempre fizeram uso muito vasto dessa planta, uma vez que possui inúmeras propriedades benéficas para a saúde.

Propriedades químicas e benefícios para a saúde

Tem como principais constituintes flavonoides, saponina, vitaminas, esteroides ou triterpenos, taninos, e seu óleo essencial mais conhecido é o carquejol. É uma planta que tem ações importantíssimas para o organismo.

É usada em pessoas que têm dificuldades na digestão em decorrência do mau funcionamento do fígado, sendo uma das plantas mais indicadas para auxiliar no restabelecimento da normalização das funções hepáticas, chegando a ser até mesmo uma planta hepatoprotetora. Age maravilhosamente sobre os intestinos, melhorando a função intestinal e eliminando vermes intestinais. É excelente digestivo com a capacidade de queimar gorduras, purificar o organismo e eliminar toxinas. Tem também importante ação diurética, e auxilia na limpeza renal.

É hipoglicemiante, muito útil para quem tem diabete. Também tem tido uma reputação muito grande no trabalho de redução do colesterol LDL, o mau colesterol. Vários estudos científicos comprovam sua utilidade na normalização dos bons níveis de colesterol.

Utilização

A carqueja tem inúmeras aplicações, e já era utilizada pelos índios nativos do Brasil e cada vez mais é utilizada em várias partes do mundo. Pode-se tomar o chá de carqueja de uma a duas vezes por semana. Quando se quer fazer um tratamento com a carqueja, pode-se tomar esse chá por uma semana inteira, todos os dias de manhã, em jejum. Este tratamento por uma semana com a carqueja normalmente traz resultados excelentes.

Outro fator importante da carqueja é que as pessoas emagrecem bem. É um dos melhores emagrecedores, porque a carqueja tem essa função de queimar a gordura, auxiliar na digestão e no funcionamento intestinal. É útil também para a função renal, pois melhora o sistema linfático. Caso se queira emagrecer, pode-se tomar o chá por um período de até 60 dias no máximo (precaução: esse período varia de pessoa para pessoa), e depois descansar pelo menos por 15 dias, e, depois disso, voltar a tomar o chá da mesma forma. Use sempre do bom senso e converse com o profissional de saúde que o assiste, e, caso atinja o peso ideal, pare com o uso contínuo dessa planta, dando intervalos bem longos.

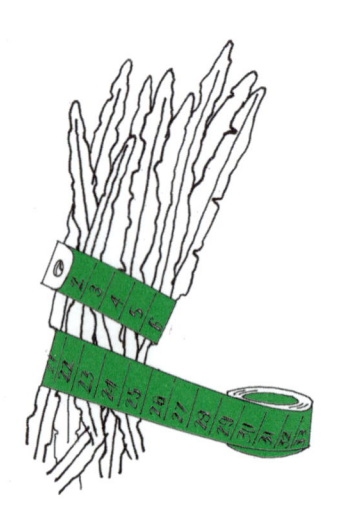

Existem pessoas que, durante a noite, colocam a carqueja em uma jarra com água, em temperatura ambiente, fazendo assim "água de carqueja". No dia seguinte, vão bebendo essa água, de três a cinco vezes por dia, em uma atitude interessante para quem quer emagrecer. Essa água pode ser utilizada diariamente de 30 a 60 dias, depois se deve parar de utilizá-la por um período de no mínimo 15 dias ou menos, se a pessoa achar que deve parar antes desse período. É importante dizer que, para emagrecer, tanto o chá como a água servem bem, e a quantidade vai variar de pessoa para pessoa, pois para cada uma existe uma quantidade individual que só a própria pessoa vai poder saber qual é.

Como regra geral, tomar a água de três a cinco vezes por dia, e o chá três vezes ao dia, ou em uma quantidade pequena, apenas com um chá pela manhã em jejum, já é um excelente emagrecedor. Limpará todo o seu organismo e irá prepará-lo para uma boa digestão durante o dia. Caso vá consumir algum alimento gorduroso, uma fritura, por exemplo, pode-se tomar imediatamente antes de consumir essa fritura o chá de carqueja, que auxiliará muito na digestão. Antes, porque ninguém vai querer tomar o chá após a refeição, por seu sabor, mas também pode ser tomado logo após o alimento gorduroso.

Quem sofre de problemas digestivos, biliares ou hepáticos pode tomar a água ou o chá. Há pessoas que tomam o chá duas vezes por dia, uma vez pela manhã e outra à tarde. Na medicina chinesa, em especial, é sempre importante que você sinta o sabor do alimento amargo, porque ele atua no fígado, e o fígado está relacionado com a emoção da raiva. Então, para você equilibrar ou até eliminar esse mal-estar provocado pela raiva e ter um dia feliz, deverá consumir um alimento amargo.

Restrição ao uso

Contraindicado para mulheres grávidas, pela possibilidade de não se adaptarem ao uso da carqueja, e para pessoas com problemas hepáticos graves. Podem ainda ocorrer, com o uso prolongado, disfunções digestivas, ou seja, em vez de melhorar a digestão, pode provocar uma agressão à mucosa gástrica, sendo que, nesse caso, normalmente com a suspensão do uso, o sistema digestório volta a funcionar normalmente.

Camomila

A camomila tem o nome científico de *Matricaria chamomilla*, porque vem de matriz, de mãe, uma vez que os romanos sempre recomendavam esse chá para as mulheres, acreditando que a planta beneficiava, inclusive, toda a parte reprodutiva feminina, na menstruação e também nos períodos da menopausa. Era um dos chás mais indicados para as mulheres.

É uma planta de clima subtropical temperado, e é produzida, especialmente no Brasil, nos períodos de agosto a novembro, não sendo produzida comercialmente no restante do ano. Em alguns lugares, nem é mais necessário se plantar, pois ela se reproduz automaticamente. O ano todo há mudas de camomila espalhadas pelos canteiros das várias culturas, e apenas é preciso coletar as mudas para fazer depois os canteiros de camomila.

Ela está bem adaptada em algumas regiões do Brasil, principalmente nos Estados do Paraná, Santa Catarina, Rio Grande do Sul, e nas regiões bem altas do Estado de São Paulo e de Minas Gerais.

Propriedades químicas e benefícios para a saúde

Dentre seus constituintes há o bisabolol, flavonoides, sais minerais, ácidos graxos, terpenos, matricina, cumarinas, mucilagens e aminoácidos. O camazuleno, que é um dos componentes da camomila, é reconhecidamente um ótimo anti-inflamatório, o bisabolol é antibacteriano, antimicótico, protege a mucosa gástrica, agindo até mesmo contra úlceras.

A ação da camomila é muito forte como calmamente, cicatrizante, carminativa, antiespamódica, antisséptica, antialérgica, anti-inflamatória, podendo ser feitas compressas para colocar sobre os olhos. Há até mesmo um célebre preparador físico da seleção alemã, na década de 1970, que obrigava todos os seus jogadores a tomarem uma xícara de chá de camomila por dia, porque ele acreditava muito no poder anti-inflamatório da planta.

A vasta literatura a reconhece como uma planta bastante digestiva, diurética, protetora da mucosa gastrointestinal, utilizada em cólicas e colites. É ainda uma planta muito usada externamente. Pode-se passar na pele, tomar banho à noite como o último enxágue. Pode-se fazer um chá em uma vasilha bem grande e depois jogá-lo por cima de todo o corpo. Isso é maravilhoso, pois ajuda na melhora da qualidade do sono.

A camomila também é uma planta que pode ser usada em estados febris, porque é sudorífera, além de anti-inflamatória e antirreumática. Também ajuda no bom funcionamento do intestino, estimulando os movimentos peristálticos, sendo assim um alimento interessante para quem tem prisão de ventre.

Utilização

É uma planta que tem suas propriedades medicinais muito parecidas com as da marcela do campo, planta nativa dos campos do Brasil. São plantas recomendadas para pessoas que têm problemas no sistema nervoso. Uma medida muito usual é fazer um travesseiro com a camomila, que é um excelente calmante, dá um aroma gostoso à cama, ao cabelo, e é muito usado para crianças que têm distúrbios do sono.

Realmente é um chá relaxante, porém, se usado excessivamente, passa a causar o efeito contrário, ocasionado excitação. Portanto, se você quer dormir bem, deve tomar apenas uma xícara de chá de camomila, pois mais de uma xícara pode provocar o efeito inverso, e você passa a ficar muito agitado. Tanto as mulheres como os homens se beneficiam bastante do chá de camomila, porém, por ser relaxante, caso o casal esteja em lua de mel, não recomendamos a camomila, não!

É uma das plantas mais usadas na cosmética, na indústria de alimentos e na indústria de bebidas. Nos cosméticos, entra na composição de sabonetes, cremes, perfumes e xampus, estes últimos usados, inclusive, para clarear os cabelos.

Restrição ao uso

No Brasil, existe uma restrição para as mulheres grávidas porque acredita-se que o chá de camomila pode ser abortivo, já que relaxa toda a musculatura do baixo ventre feminino. Assim, as mulheres grávidas devem tomar cuidado com a utilização do chá dessa planta. Além disso, os excessos tiram o sono, podem causar desarranjo intestinal e ser danosos para pessoas com rinite alérgica.

Guaçatonga

É uma árvore que chega a seis metros de altura, originária das Américas, encontrada desde o México até a Argentina. No Brasil, é encontrada especialmente nos Estados de São Paulo e Minas Gerais. Ao adquirir a guaçatonga, é muito importante que a pessoa saiba o nome cientifico dela, que é *Casearia sylvestris*, porque também é conhecida como erva-de-bugre, e em vários locais do Brasil a erva-de-bugre é uma planta que não tem nada a ver com a guaçatonga. Então, é importante que quando for comprar a guaçatonga tenha certeza de que está adquirindo a *Casearia sylvestris*.

É fortemente utilizada na medicina popular, de modo que existe uma crença que diz que o lagarto só enfrenta uma cobra onde houver um pé de guaçatonga, tamanho o poder desintoxicante e cicatrizante que essa planta tem.

Propriedades químicas e benefícios para a saúde

Em sua composição, há óleos essenciais, terpenos, saponinas, taninos, resinas e flavonoides. É muito utilizada como cicatrizante externo e interno, por ser um excelente protetor, e cicatrizante da mucosa gástrica. É uma das poucas plantas que tem uma ação muito forte contra a *Helicobacter pilori*, a bactéria causadora de gastrites e úlceras.

Tem uma ótima ação antisséptica, diurética, é tônica, estimulante, antimicrobiana, fungicida, depurativa, sendo um dos maiores desintoxicantes do nosso organismo. Ótima também em feridas, eczemas, distúrbios da pele, picadas de insetos, alterações na boca, como aftas, mau hálito e herpes, tendo uma ação muito ampla. Em Minas Gerais, especialmente, é muito indicada para doenças da pele. Além disso, a literatura também aponta que serve contra o herpes genital. Muita gente usa a espinheira santa para gastrite e problemas estomacais, porém, consideramos a guaçatonga infinitamente mais eficaz.

Utilização

É uma planta bastante importante, com um efeito depurativo e desintoxicante muito grande. Uma ou duas xícaras por dia, por um período de 30 dias, é excelente para fazer uma limpeza no organismo, proteger a mucosa gástrica e fazer uma desintoxicação geral.

O uso externo da guaçatonga pode ser feito na forma de tintura, na forma de compressa, como chá ou também amassando as folhas e colocando sobre as feridas. Qualquer uma dessas situações pode trazer bons resultados. Pode-se usar a planta seca para o chá ou, se for em cápsula, lembrar-se de sempre de abri-la e jogar o pó na água antes de beber.

> ## Caso real
>
> Houve um caso interessante no sítio em que um cachorro foi picado por uma cobra. O cachorro foi levado imediatamente ao veterinário para se aplicar o soro antiofídico. Salvamos o cão, mas dias depois começaram a aparecer bolhas de sangue no lado externo da orelha dele. Nós o levamos novamente ao veterinário, que nos informou que ainda eram os efeitos tóxicos decorrentes da picada da cobra. O cão emagreceu muito, andava meio triste. Demos para ele, por três dias seguidos, leite batido com folhas de guaçatonga, e o resultado foi impressionante. Desapareceram as bolhas, ele engordou e nunca mais teve nada. Foi maravilhoso o resultado benéfico na desintoxicação do cachorro.

Restrição ao uso

Pode-se tomar guaçatonga por algum período, mas não por períodos muito longos, porque ela também pode ser antagônica à vitamina K, dificultando a coagulação do sangue se usada em excesso. Mulheres grávidas também devem evitá-la.

Lavanda

Com o nome científico de *Lavandula officinalis,* é originária da Europa. O país mais famoso na produção de lavanda é a França, na região da Provença, que possui campos perfumados maravilhosos. Tem sido longamente usada por herbalistas do mundo inteiro. É um subarbusto perene, aromático, que cresce até aproximadamente um metro de altura, tem flores lindas perfumadas e, toda vez que as flores são tocadas, elas exalam um aroma maravilhoso. A principal espécie encontrada no Brasil é também muitas vezes chamada de alfazema.

A lavanda tem um número muito grande de variedades. Aqui no Brasil existe uma variedade que não produz flores e outra que produz flores o ano inteiro. A que produz flores tem um aroma forte. Pode-se pegar uma flor na mão e apertá-la suavemente, e assim ela exalará um perfume delicioso, e sua mão ficará perfumada com o óleo essencial dessa planta. Aliás, o óleo essencial é muito usado em massagens, com propriedades relaxantes e anti-inflamatórias.

Propriedades químicas e benefícios para a saúde

Na composição química, existem vários óleos essenciais, constituídos de cariofileno, geraniol, furfurol, linalol, cumarinas, taninos, e saponinas. A literatura internacional destaca várias qualidades positivas no floral de lavanda, empregado principalmente para o sistema nervoso e para o fortalecimento do organismo. Esse floral é muito usado tanto para relaxar quanto para fortalecer o organismo. Ele ainda alivia, acalma, traz relaxamento e melhora a qualidade do sono.

Acreditamos que o chá também tem uma ação positiva, da mesma maneira que o floral. Na forma de chá, em infusão, é usado para auxiliar nas dores de cabeça e acalmar o sistema nervoso. Recomenda-se uma xícara duas vezes ao dia. Além disso, tem excelentes ações repelentes contra insetos, podendo ser plantada ao redor das casas.

No Brasil, popularmente, a lavanda é utilizada como digestiva, antiespamódica, tônica, calmante dos nervos, antimicrobiana. Muito usada para tratamentos de insônia, nevralgia, cólica e gases intestinais. Para infecções das vias respiratórias como asma, bronquite, tosse, gripes, sinusites e catarros também pode ser indicada. É usada por pessoas com depressão, e a parte utilizada são as flores. Externamente, é muito recomendada para banhos, em casos de corrimento vaginal. Utilizada também na cabeça contra sarnas e piolhos.

Utilização

Como seu próprio nome diz, lavanda, estaremos lavando, limpando, higienizando, já que é um antisséptico muito forte. Não é muito utilizada como chá e sim como aromatizante para se cheirar seu perfume de uma a duas vezes por dia. O chá é indicado para banhos, realizando o último enxágue após uma boa limpeza. Suas flores são maravilhosas para serem utilizadas no preenchimento de travesseiros. Sua cama ficará com o aroma de um lindo jardim da Provença.

Também parece uma planta melhor para as mulheres que para os homens. Parece ter uma ação melhor no corpo e na psique feminina que na masculina. Existem os florais da Califórnia, os florais franceses e de diversas outras partes do mundo, que incluem o floral de lavanda.

Em termos industriais, é muito utilizada na fabricação de cosméticos, em sais de banho, cremes ou óleos para massagem, pomadas contra picadas de insetos. Usa-se ainda em loções para a higienização da pele, especialmente para evitar acnes.

É uma planta de muito fácil cultivo, podendo ser plantada de várias maneiras, até mesmo em pequenos vasos na janela. Ela não gosta de muita água, então quanto menos você regar, melhor, e necessita de muito sol. Se você a mantiver dentro de casa, ela acabará ficando feia e não se desenvolverá bem. Segundo a literatura europeia, a lavanda só pode ser usada em pequenas doses para uso interno, ingestão, e sob rigorosa orientação de um especialista. É muito mais eficaz seu uso externo, na cosmética, em banhos, no travesseiro, ou simplesmente deixando a planta em volta da casa e arrancando uma ou duas flores ao dia, para fazer aromaterapia, ou seja, para aproveitar os benefícios advindos da inalação de seus aromas.

> ## Curiosidade
>
> Na França, existe uma casa muito antiga, com mais de cem anos, chamada Casa do mel (*Maison du miel*), que fica perto da Igreja de Madeleine, em Paris. Lá, o mel de lavanda é muito diferente de todos os outros. Tem consistência e aroma de sabonete, e com sabor muito específico, único, delicioso. Aqui no Brasil não há esse mel, pois não temos os plantios extensos da lavanda. Já na França, há plantios enormes de lavanda, e os apicultores colocam as caixas de abelhas no meio das plantações, para que elas retirem o néctar das flores e façam a elaboração de um mel maravilhoso. O pólen da lavanda coletado pelas abelhas é excelente, e a sensação que se tem ao ingeri-lo é que se está comendo bolinhas de sabonete. Parece estranho, mas o sabor é ótimo.

Restrição ao uso

Para o uso interno, recomenda-se o acompanhamento de um profissional de saúde habilitado. Não use o chá sem estar seguro de que lhe fará bem. Informe sempre seu médico.

Unha-de-gato peruana

É uma planta maravilhosa de nome científico *Uncaria tomentosa (Willd) DC*, encontrada na selva amazônica peruana. É uma planta que nasce na Venezuela, Guiana, Brasil, Bolívia, Peru e Paraguai, porém, a planta conhecida mundialmente e que tem propriedades realmente diferenciadas é a colhida na selva amazônica peruana. Possivelmente em razão do solo vulcânico, que pega praticamente toda a região do Peru, seja na faixa que compreende a linha do mar, na linha dos Andes, ou ainda na linha da Amazônia peruana, que é uma faixa de solo muito rica. Existem evidências de que os peruanos utilizam essa planta contra diversos males há mais de dois mil anos.

É uma planta da família das rubiáceas, a mesma família a que pertence o café. É um arbusto trepador, uma trepadeira, que pode chegar a 30 metros de altura e é utilizada sua casca para fazer o famoso chá de unha-de-gato. Existem outras variedades de unha-de-gato, mas a que foi citada é a melhor. Seus espinhos, que parecem realmente unhas de gato, são voltados para baixo. Existe uma outra unha-de-gato cujos espinhos são voltados para cima, como se estivessem subindo em direção ao céu. A que tem mais propriedades medicinais é a que tem os espinhos voltados para baixo, no sentido do solo, como já relatado, encontrada especialmente na região da Amazônia peruana.

Propriedades químicas e benefícios para a saúde

Dentre os alcaloides encontrados na composição da unha-de-gato existem a rincofilina, a isorincofilina, a mitrafilina, o enióxido de hidrocorinanteína, a hirussuteína, a rirsuteína, etc. Foram localizados também alguns triterpenoides derivados do ácido ursólico, como glicosídeos do ácido quinóvico, considerados os mais poderosos anti-inflamatórios existentes nas plantas.

Utilização

É realmente o maior anti-inflamatório natural que há. Seguramente, já está sendo muito utilizada em todo o mundo. É principalmente aplicada em doenças como a Aids, diversos tipos de câncer, artrite, artrose, artrite reumatoide, contusões, dores no corpo, enfim, uma amplitude de aplicação muito grande.

No Peru, os nativos a utilizam pelo cozimento da cortiça, ou seja, do cozimento da casca da árvore, especialmente para os problemas de úlcera gástrica, diabete, asma, contusões, fraturas. É ainda, muitas vezes, utilizada em problemas alérgicos, com resultados excepcionais. É uma das plantas mais fortes para melhorar e reforçar o sistema imunológico, com várias comprovações científicas.

No Peru, por diversas vezes, tivemos a oportunidade de conversar com vários médicos, vários estudiosos que trabalhavam havia muitos anos com a unha-de-gato. Depois de muita conversa, eles convenceram-nos a experimentá-la, e o resultado final obtido é realmente impressionante. Os peruanos doutor Moncada, senhora Jeanatte Enmanuel, o engenheiro Enrique Angel Galdos e a senhora Lida Obregón Vilches são verdadeiras autoridades nesse assunto. Muitas pessoas que tinham problemas de artrite, artrite reumatoide, artrose, dificuldades de caminhar, dor no corpo, garganta inflamada, e depois que começaram a tomar a unha-de-gato tiveram uma recuperação muito rápida.

Alguns estudos não recomendam a utilização dessa planta por um período muito longo, uma vez que pode causar possíveis problemas colaterais, até mesmo a intoxicação do fígado. Isso se usada em doses muito grandes e por um tempo prolongado. Segundo os mesmos estudos, com a interrupção do seu uso, esses possíveis efeitos colaterais desaparecem. Porém, se usada por cerca de 30 dias, nas prescrições recomendadas, os resultados costumam ser excelentes, e normalmente observam-se benefícios em menos de duas semanas.

Utilização

A recomendação clássica é tomá-la, no máximo, por 30 a 60 dias, e depois parar por pelo menos 15 dias, já que a literatura diz que ela poderia causar cegueira e possíveis intoxicações de fígado, embora, segundo estudos clínicos, nada que seja irreversível. Mas, para evitar qualquer possível problema colateral, o ideal é seguir a recomendação até a pessoa ficar bem.

Pode-se, como preventivo, tomá-la durante 15 a 30 dias, depois ficar 15 dias sem usar, e assim sucessivamente. As doses recomendadas variam de acordo com o tipo de apresentação da planta. Normalmente na forma de pó, o ideal é que se coloque água fervendo em uma colherinha de café desse pó, duas vezes ao dia, obtendo-se assim resultados anti-inflamatórios impressionantes. Doses maiores (uma colher de chá, duas vezes ao dia) foram usadas por curto período, três dias seguidos, sem maiores problemas. Após os três dias, voltamos à dose recomendada de colheres de café.

Não recomendamos sua ingestão na forma de cápsula. O ideal é abrir a cápsula, colocar na água e tomar. Colocando-a na água fervida, o resultado para a saúde é melhor que colocando na água à temperatura ambiente. Muitos peruanos fervem o pó por 20 minutos, esperam ficar morno para depois tomar. Existem evidências de que essa é a melhor maneira de se utilizar a unha-de-gato.

Seu sabor é amargo, porém é possível tomá-la tranquilamente. Recomenda-se sempre informar seu médico e usar do bom senso. É um pouco difícil achar unha-de-gato de excelente qualidade aqui no Brasil. Então, nossa recomendação é que a pessoa entre nos sites peruanos. Várias empresas o vendem pela internet. Compre pelo site e receba pelo correio, em sua casa. Muitas vezes, entretanto, a Anvisa exige receituário médico para que você possa usá-la.

Restrição ao uso

De todas as ervas que falamos, talvez essa tenha o uso mais delicado, pelas possibilidades de alguns efeitos colaterais mais fortes que as demais. Essa advertência é mais importante ainda para as mulheres grávidas. Seja prudente e informe-se antes de tentar algo novo. Como já foi dito, use sempre o bom senso.

Alecrim

O nome científico é *Rosmarinus officinalis*. É uma das plantas mais cultivadas em todo o mundo, especialmente na Europa e na Ásia. É também uma das mais utilizadas na famosa dieta mediterrânea. Na Antiguidade, os gregos e romanos já utilizavam muito o alecrim. Inclusive, no século XVI, era uma das plantas que estava presente em todos os jardins medicinais. Também é usada para fazer incenso e para purificar o ambiente.

É uma planta muito bonita, um arbusto que cresce até um metro de altura ou mais, e as flores são lindas, muito delicadas, de cor azulada clara. Existem muitas variedades de alecrim. Os espanhóis dizem que foi o alecrim que protegeu a Virgem Maria na sua fuga para o Egito. Assim, essa planta sempre teve uma ligação física e também espiritual com o homem.

Propriedades químicas e benefícios para a saúde

Dentre seus constituintes, há pineno, cineol, ácidos orgânicos, saponinas, alcaloides, taninos e sobretudo o ácido rosmarínico. É uma planta que tem ação estimulante geral e é hipertensora. Excelente para problemas de estômago e pulmonares, e para expulsar gases, é antirreumática, diurética e também muito usada nos cosméticos, porque estimula o couro cabeludo.

É uma planta muito usada para diversos tipos de problemas, pois tem uma quantidade muito grande de princípios importantes para a manutenção da boa saúde. Aliás, a literatura cita o alecrim como um importante diurético, para as boas funções renais, da vesícula biliar, do fígado, sendo, inclusive, hepatoprotetora. Possui importante ação anti-inflamatória, auxilia nas dores em geral, especialmente nas dores articulares. Se tomado em excesso, por ser estimulante, pode causar distúrbios no sono. Os óleos essenciais são muito benéficos para a circulação sanguínea e para todo o organismo.

Utilização

Nossa experiência pessoal com o alecrim é muito antiga. Adoramos o alecrim. Adoramos sentir seu perfume e sempre temos alguns pés de alecrim em casa. Quando for consumir alimentos pesados, se você tomar antes o chá de alecrim, ele preparará seu aparelho digestório para uma boa digestão.

Repare que todas as carnes mais pesadas, inclusive as carnes consideradas fortes, como as de caça, geralmente são acompanhadas por ramos de alecrim no seu preparo. Não é só para dar um bom aroma, mas, principalmente, para auxiliar seu organismo a fazer a digestão desse alimento. Existem também vários outros tipos de alimentos em que o alecrim é utilizado. Em especial no preparo de pães e biscoitos com sal grosso e alecrim, o sabor é maravilhoso.

O chá de alecrim é um desintoxicante, porém é muito forte, muito digestivo. Então, consuma-o quando ingerir alimentos pesados, fazendo o chá dessa erva. No dia a dia, se sua alimentação é leve, você até pode tomar o chá, mas um chá bem fraco. Se você pegar três folhinhas de alecrim e colocar na água quente, a planta já soltará o óleo, seu delicioso aroma, e a concentração do chá ficará bem fraquinha. Pode-se tomá-lo uma vez por semana, intercalando-o com outras ervas, como já explicado anteriormente.

Restrição ao uso

Como contraindicação, como sempre, cuidado especial para as mulheres grávidas. Os hipertensos deveriam usá-lo com cuidado, pois poderá aumentar ainda mais a pressão arterial.

Macela

Seu nome cientifico é *Achyrocline satureoides,* e popularmente é conhecida como macela do campo ou marcela. É seguramente uma das plantas mais lindas que existem. Natural da América do Sul, especialmente Brasil, Argentina e Uruguai, em todos esses países a macela é muito utilizada. Em cada região, tem uma série de propriedades medicinais apregoadas.

Suas propriedades são muito parecidas com as da camomila, tanto que se pode, de uma forma carinhosa, chamá-la de camomila sul-americana ou camomila brasileira. É encontrada principalmente nas pastagens, em campos abandonados, barrancos e beiras de estradas. É dificilmente cultivada, sendo praticamente só coletada no campo. Nasce na época das chuvas, e no outono está pronta para ser colhida. Sua secagem é muito rápida. Existe uma teoria de que as plantas que nascem sozinhas têm uma vitalidade muito grande. Ela pode se desenvolver no meio da branquearia, especialmente em barrancos, em locais de terra pobre.

Pode-se dizer que é uma planta alquímica, pois nasce em terrenos pobres e pedregosos e nos oferece um alimento – um chá – excelente e extraordinário, para a manutenção da boa saúde.

Propriedades químicas e benefícios para a saúde

Em sua composição química, encontra-se quercetina, luteolina, ácido cafeico, óleo essencial, saponinas triterpênicas, entre outras substâncias. É um excelente digestivo e auxiliar para as dores em geral. Na literatura, a macela do campo é citada como excelente auxiliar para regular o ciclo menstrual, ótimo calmante, para resolver problemas de má digestão, flatulência, cólicas abdominais, dores musculares bruscas e é anti-inflamatória. Também é muito utilizada na cosmética, estimula a circulação capilar, auxilia na queda de cabelo e é usada para clarear os cabelos. Note que suas características são bem parecidas com as da camomila.

No Japão, foram feitas várias pesquisas com essa planta e descobriu-se que ela inibe células cancerígenas. Isso é fantástico! Todas as experiências realizadas com animais também comprovaram as propriedades analgésicas, anti-inflamatórias e relaxantes da macela do campo.

Utilização

As flores da macela são muito usadas para forrar o travesseiro, porque é uma planta relaxante, induz ao sono, dá um cheiro maravilhoso à cama, às cobertas e aos cabelos. Depois de três, quatro anos, quando se troca as macelas de dentro do travesseiro, é só levá-las e espalhá-las em um campo, ou no alto de uma montanha, e ela nascerá sozinha. Isso é impressionante: ela nasce na beira dos barrancos e consegue se desenvolver muito bem.

Também pode-se consumir o chá da flor, quando se quer uma planta digestiva e/ou relaxante. Serve ainda para decorar a casa. Sua flor amarela perfuma e alegra o ambiente. Também se tem demonstrado que não possui efeito tóxico colateral, então é uma planta que se pode usar com bastante segurança. Ademais, é um chá que contém tanino, que seca a boca. Se comer uma comida gordurosa e em seguida tomar o chá de macela, você verá que ele seca a boca, ou seja, retira toda a gordura, da mesma forma como agem o vinho tinto e o chá verde.

A macela é uma planta que vale a pena ser conhecida e utilizada. Muitas pessoas a usam para decorar suas casas, pois ela seca e dura anos, e quando você volta a colocá-la por algumas horas exposta ao sol, ela volta a exalar todo o seu perfume. Isso é impressionante. Quando a macela fica na sombra, vai perdendo o cheiro, mas quando colocada novamente ao sol, todo o seu aroma volta. Portanto, o travesseiro deve ser colocado de vez em quando ao sol, para voltar a exalar o maravilhoso e tão benéfico perfume da macela.

Restrição ao uso

Como regra geral, mulheres grávidas e pessoas sensíveis a algum componente da planta devem evitar seu uso.

Lípia citrodora

Também hoje catalogada como *Aloysia triphylla*, é da família das *Verbenaceae*. É um arbusto bastante ramificado, chega até três metros de altura, nativa da América do Sul, especialmente Chile e Brasil. Suas flores são brancas, levemente rosadas e muito bonitas. A lípia é conhecida também como melissa americana, e em algumas regiões como melissa francesa, porque os franceses a utilizam muito na perfumaria, porém, na verdade, ela é nativa da América do Sul. É uma planta que foi muito usada na cosmética e passou a ser substituída por outras plantas, porque muitas pessoas tinham alergia na pele em contato com seu óleo essencial.

Propriedades químicas e benefícios para a saúde

Possui características muito interessantes em termos fitoquímicos. Possui em sua composição o citral, o limoneno (também encontrado no limão), o citroneol, o geraniol, e o alfa e delta-pineno.

A lípia tem características muito semelhantes, em nível prático, à erva-cidreira e à melissa. Tem efeito sedativo e hipotensor; portanto, quem tem pressão baixa não deve tomar o chá de lípia. É muito usada para resfriados, estados febris, é digestiva, com ação antiespasmódica, elimina gases, sendo, portanto, carminativa, e usada especialmente como calmante.

Utilização

Há hoje vários arbustos de lípia e seguramente é um dos chás mais apreciados por muitas pessoas. Quando há um chá com sabor muito ruim ou muito forte, como a carqueja, por exemplo, que é muito amarga, pode-se misturar um pouco de lípia para melhorar o sabor. Extremamente saboroso, é também um chá que relaxa muito. Para casais em lua-de-mel, não seria o chá mais indicado, porque realmente relaxa e dá sono.

Tendo um perfume único, pode ser utilizada sozinha ou em composição com outras ervas no preenchimento de travesseiros. Dessa forma, obtém-se um perfume maravilhoso na hora de dormir, proporcionando um excelente descanso. É um dos chás mais apreciados por todos os que o conhecem, certamente porque é muito gostoso e benéfico para o organismo.

Restrição ao uso

Mulheres grávidas e pessoas com hipotensão ou pressão baixa.

Erva-baleeira

É uma planta nativa do litoral brasileiro muito utilizada pelos indígenas e pelos pescadores. Seu nome científico é *Cordia verbenacea D.C.*, mas popularmente possui vários nomes como maria-milagrosa, catinga-de-barão e erva-baleeira.

Propriedades químicas e benefícios para a saúde

Seu principal constituinte anti-inflamatório é o alfa-humuleno. Possui também alfa-pineno, mirceno, canfeno, beta-pineno, limoneno, citronelal, cânfora, artemetina, linalol, cariofileno, timol e antranilato de metila, dentre outros.

É um excelente anti-inflamatório utilizado especialmente em casos de artrite, tendinite, reumatismo, artrose, dores musculares, dores da coluna, e contusões. A literatura ainda a recomenda para inflamações bucais, úlceras, prostatite, e sobre feridas para favorecer a cicatrização. O professor Sylvio Panizza foi, sem dúvida, um dos maiores entusiastas e estudiosos dessa planta. Seu poder anti-inflamatório é indicado especialmente por conter a artemetina e o alfa-humuleno.

Utilização

Pode-se utilizar o chá feito com uma colher de sopa de folhas picadas em infusão, tomando-se uma a duas xícaras ao dia. Pode-se também colocar um grama de folhas transformadas em pó em uma xícara de água quente, e, após três minutos, ser consumida vagarosamente. Utiliza-se também esse chá para realizar bochechos ou gargarejos.

Colocando-se as folhas em uma vasilha com álcool e deixando-se curtir por sete dias, ou mais, poderemos ter um excelente produto para passar nas regiões doloridas e inflamadas do corpo, mas somente se não tiver ferida aparente. Pode-se esfregar essa tintura alcoólica de uma até três vezes ao dia. Pode-se também misturá-la a um creme ou gel-base adquirido na farmácia. Compra-se um gel para contusões, adiciona-se a tintura de erva-baleeira e depois de misturar bastante pode-se passar nas regiões doloridas do corpo.

Restrição ao uso

Não deve ser utilizada por mulheres grávidas e que amamentem sem o consentimento do médico. O uso por mais de três meses seguidos sem intervalos de três a quatro semanas também não é indicado. Use sempre o bom senso e tome as decisões juntamente com seu médico.

Garra-do-diabo

A planta conhecida como garra-do-diabo, cujo nome científico é *Harpagophytum procumbens*, desenvolve-se em algumas regiões desérticas e nas estepes africanas, especialmente em Angola, Namíbia e na África do Sul. É muito conhecida na América do Norte com o nome de *devil's claw*.

Seu nome deve-se ao fruto ter formato de garras que parecem ter enormes e malformadas unhas. Apesar do nome, essa erva tem propriedades curativas impressionantes.

Propriedades químicas e benefícios para a saúde

Seu principal componente de propriedades altamente anti-inflamatórias é o harpagosídeo, que faz parte da classe dos heterosídeos iridoides. Contém também b-sitosterol, ácidos caféico, cinâmico e clorogênico, além de flavonoides, triterpenos, harpagoquinona, dentre outras substâncias. É uma planta utilizada há muitos e muitos anos, provavelmente centenas de anos, pelos nativos da África.

Realmente, é um dos potentes anti-inflamatórios da natureza. Atua não somente na inibição do processo inflamatório, mas também no alívio da dor, na desintoxicação do fígado, na melhora da digestão, e ainda é levemente diurética. A literatura a descreve como uma planta importante, auxiliar no tratamento de doenças reumáticas, artrose, artrite, gota, dores na coluna, dores em geral e problemas digestivos.

Nossa experiência é muito boa com o uso dessa planta, e é possível que pessoas possam aceitá-la melhor em vez da erva-baleeira e da unha-de-gato. O inverso também pode ser verdadeiro, pois cada pessoa é um indivíduo único e seu organismo pode reagir de forma muito pessoal e particular. Veja que há pelo menos três plantas com princípios ativos distintos e todos anti-inflamatórios potentes.

Utilização

Usa-se a raiz em forma de chá ou de cápsulas e comprimidos. No caso de seu uso em pó, ou seja, a raiz seca e transformada em pó, deve-se usar uma colher de café por xícara de chá, em água quente, por duas a três vezes ao dia. Recomendamos sempre que se faça o uso de plantas com o acompanhamento rigoroso de algum médico, para que se possa aproveitar o que as plantas têm de melhor com segurança.

Restrição ao uso

Mulheres grávidas ou que estejam amamentando, pessoas com cálculo biliar, úlcera estomacal ou intestinal, e com problemas renais ou hepáticos graves devem utilizar essa planta somente com a autorização e acompanhamento médico.

Capítulo 3

Os "superalimentos"

Nesta obra, chamamos de superalimentos os alimentos que, quando adicionados à nossa dieta diária, mesmo em quantidade aparentemente pequena, promovem uma melhora enorme no nosso estado geral. Os superalimentos certamente podem ser considerados participantes do rol dos alimentos funcionais. Aqui mostramos alguns desses alimentos, suas propriedades e forma de uso.

Maca peruana

A maca peruana é um alimento que vem dos Andes peruanos. É uma raiz que lembra uma beterraba pequena, com cores que variam do branco até o bem roxo, quase preto. A maca contém uma quantidade monumental de nutrientes saudáveis, que contribuem para a melhora de toda a função orgânica. Pode-se dizer que é um reforçador do organismo, pois produz muita vitalidade, força física e mental, melhora o sistema imunológico e age nas glândulas sexuais, e por isso é tida como um poderoso afrodisíaco. Independentemente disso, é um alimento que melhora a resistência física e mental, previne a osteoporose e é muito importante para as mulheres que sofrem na menopausa.

É um alimento "obrigatório" para os atletas e esportistas em geral. Se você é hipertenso, deve consumi-la com moderação. Pode ser utilizada na forma de pó ou de suco concentrado. O consumo de 30 a 60 ml de suco concentrado de maca já produz excelentes resultados. Deve ser consumida preferencialmente pela manhã.

Descobrimos a maca em uma viagem ao Peru, em que fomos procurar o noni, acabando por encontrar também a maca. Ela é chamada cientificamente de *Lepidium meyenii* ou *Lepidium peruvianum*. É conhecida no mundo inteiro como ginseng peruano, maca, ou "viagra natural". É uma planta anual, de porte baixo, em torno de 20 centímetros. Possui uma característica interessante: só consegue ser cultivada acima de quatro mil metros de altitude. Por isso, é adaptada e cultivada nos Andes peruanos. É especialmente produzida nos departamentos peruanos de Junin e também em Serro de Pasco e Puno, esta última a região em que fica o lago Titicaca, um local muito bonito e com altitudes em torno de cinco mil metros.

Outra coisa muito interessante e importante é que existem estudos que mostram que as civilizações peruanas são anteriores às civilizações chinesas. O consumo de maca por esse povo se perde na história. O Peru é um dos lugares mais impressionantes que existem. Se pudesse, ficaríamos no Peru o restante da vida, visitando e estudando região por região, tentando aprender sobre as plantas medicinais que eles têm, sobre os alimentos especiais que lá existem, toda a sua cultura, e ainda assim não conseguiríamos conhecer tudo. O Peru é um mundo de descobertas infinitas.

Para um país aparentemente pequeno, em termos de extensão, é impressionante como possui cultura e diversidade tão grandiosas. Para se ter uma ideia, têm-se no Peru três faixas bem características: a faixa do mar, que é a faixa litorânea; a faixa dos Andes, que é a faixa montanhosa, que chega a mais de seis mil metros de altitude, formada por vários vulcões, e a faixa da selva amazônica peruana, onde está localizada a selva amazônica baixa e alta.

Propriedades químicas e benefícios para a saúde

A maca possui vários princípios ativos, com uma concentração importante de proteínas, em torno de 18%, com todos os aminoácidos essenciais, com nível baixo de gordura, e, principalmente, ácidos graxos insaturados. Também contém vitamina A, vitaminas do complexo B, vitamina C, e vários minerais como cálcio, ferro, potássio, zinco, cobre, magnésio, entre outros.

Existem também frações esteroidais, esteroides e glucosinolatos. Com certeza, possui outras substâncias que ainda não conhecemos. Avaliando-se a maca com todos os seus constituintes, não se consegue entender como funciona tão bem. Não se explica plenamente.

É usada como um excelente revigorante, utilizada para melhorar a fertilidade, para regular o ciclo menstrual, como energizante mental e antiestresse. A literatura descreve a possibilidade de a maca combater o mau colesterol, e é ainda excelente para favorecer o fortalecimento de ossos, dentes e cabelos. É muito recomendada para casais que querem ter filhos e ainda não os têm.

Utilização

A maca é um dos alimentos mais impressionantes do Peru. Tanto na forma líquida, uma sopa bem grossa que esquenta muitíssimo e dá um vigor impressionante, como na forma seca, transformada em pó, consumida diluída em água ou suco. Nota-se, nas pessoas que começam a consumir a maca, mudanças benéficas em sua vida, que ficam visíveis até no rosto.

A maca pode ser consumida constantemente, sem necessidade de interromper o consumo e de dar intervalos, pois não tem efeito tóxico nenhum. É uma planta que serve tanto para o homem quanto para a mulher. É um preventivo de câncer, porém, se você já tem câncer em algum órgão do aparelho reprodutivo, não deve consumi-la. Como regra geral, regulariza o sistema hormonal feminino. Muitas mulheres resolveram seus problemas hormonais não usando nada além da maca.

A maca é fundamental para atletas. Como regra geral, no Peru, não é usada para crianças, porque poderia estimular a puberdade muito cedo, por ser um estimulante sexual. A maca também é um dos alimentos usados na Nasa, pelos astronautas, para a boa manutenção da saúde. Os Estados Unidos são os maiores consumidores mundiais de maca peruana. A propósito, repare que em quase todas as vitaminas comerciais de ótima qualidade encontramos a maca peruana como um de seus componentes.

Não se encontra a maca muito facilmente no Brasil, já que infelizmente existem algumas restrições para a sua importação. Existem sites peruanos na internet em que se pode fazer um pedido eletrônico, pagar com cartão de crédito, e receber o produto em sua casa. Às vezes, porém, a Anvisa exige receituário médico. Existem algumas casas que vendem a maca de uma qualidade razoável, aqui no Brasil, mas as melhores macas você só consegue comprar diretamente do Peru. E hoje ela é vendida em dólares ou euros, tamanha a procura e o reconhecimento em âmbito mundial da importância da maca como um complemento essencial à nossa alimentação.

Restrição ao uso

Mulheres grávidas não devem consumi-la, ou, se o fizerem, deve ser com muito cuidado e sob supervisão médica. Para pessoas que têm câncer nos órgãos genitais, a maca não é indicada, porque pode elevar a produção de hormônios, tanto femininos como masculinos. Os hipertensos, pessoas com pressão alta, devem consumir a maca com bastante cuidado, porque ela é um revigorante, um tônico, isto é, pode aumentar a pressão arterial de quem já é hipertenso.

> ### Curiosidade
>
> Existe uma história muito bonita contada pela senhora Jeanatte Enmanuel, proprietária da empresa Santa Natura Peru, que diz que quando os espanhóis chegaram ao Peru e descobriram a maca e suas propriedades, proibiram os peruanos de consumi-la e eles, os espanhóis, começaram a utilizá-la. Os espanhóis queriam um povo enfraquecido para poder exercer o domínio sobre eles com mais facilidade. Isso porque, quando você consome a maca, fica muito forte, mais ágil, mais disposto. Contam também que a maca era negociada como ouro, e chegou até a ser usada como dinheiro, ou seja, como moeda de troca. Assim, a maca tem uma história muito rica e ampla no Peru, e hoje em todo o mundo. Que Deus continue abençoando o povo peruano e seus produtos maravilhosos!

Linhaça

Conhecida cientificamente como *Linum usitatissimum*, é uma planta anual, com flores azuladas e sementes bem pequenas, que podem ter colorações variadas, desde a mais escura, chamada linhaça escura, até a cor de ouro, conhecida como linhaça dourada. Sua origem se perde no tempo, mas provavelmente veio do Oriente.

Propriedades químicas e benefícios para a saúde

Suas sementes contêm ômega 3 de excelente qualidade. Contêm ainda edestina, aleurona, ácidos graxos, ácidos linoleico, globulina, lecitina, substâncias proteicas, taninos e mucilagem. Possui mais potássio que a banana. É interessante que as sementes têm de 30% a 40% de óleo, conhecido como óleo de linhaça. Na prensagem a frio, obtém-se um azeite de excelente qualidade nutricional e medicinal.

A linhaça é usada especialmente como um alimento laxativo, alimento benéfico para a pele, sobretudo em seu aspecto e sua coloração. É muito utilizada para processos inflamatórios, principalmente genitais e urinários, e também indicada para quem tem diabetes e reumatismo. Auxilia na regularização do colesterol e melhora a atividade cerebral. Mas um dos maiores benefícios da linhaça é que ela é excelente para regularizar o bom funcionamento do intestino. A literatura também diz que é boa para gota, herpes, para pessoas que estão em tratamento de câncer e inflamações gástricas, porque contém uma mucilagem que ajuda na cicatrização e proteção da mucosa gástrica.

Utilização

A linhaça é um alimento muito importante. Pode ser usada também moída, conhecida como farinha de linhaça. Há uma discussão muito grande porque muitos dizem que o melhor é moer na hora de usá-la. Isso seria o ideal, porque ela perde princípios importantes após ser moída, mas se você comprá-la moída, recém-processada, e conservá-la no congelador, ela permanece com seus princípios ativos bem preservados.

Existem pessoas que são contra a ingestão da semente da linhaça, mas sugerem colocar as sementes na água da noite para o dia. E, no dia seguinte, pela manhã, é só coar e beber toda a mucilagem que foi desprendida das sementes. Outros já dizem que ingerir a linhaça moída não causa nenhum tipo de problema. Pode-se consumir uma colher de chá de linhaça moída misturada na água.

A linhaça dá um grande bem-estar. É muito usada para a ração dos animais, como no caso do cavalo. Melhora o brilho da pelagem, além de equilibrar o funcionamento intestinal. Pode ser dada até para o cachorro, todos os dias, misturada na ração.

Restrição ao uso

Existem algumas discussões sobre as contraindicações, principalmente para pessoas que têm o intestino solto, pois não deveriam consumir a linhaça já que ela solta ainda mais o intestino. Pessoas que têm hemorroidas também devem evitá-la, embora a literatura também fale que o azeite de linhaça é saudável para o tratamento de hemorroidas.

Vinagre de maçã

Possivelmente, o vinagre mais antigo que existe é o de uva. Existem comprovações arqueológicas que mostram o uso do vinagre para fins medicinais ha mais de três mil anos a.C. O terapeuta naturalista G. P. Boutard bem relata em seu livro *Vinagre de maçã, uma receita de vida* a origem remota da utilização do vinagre de vinho e de maçã na manutenção da boa saúde.

É provável que tenha sido descoberto sem querer, já que é oriundo de uma dupla fermentação. Na primeira fermentação, o açúcar da fruta é transformado em álcool, e na segunda fermentação, o álcool é transformado em ácido acético. Assim, das maçãs frescas fazemos a cidra, e da cidra fazemos o vinagre. Seu nome origina-se da uva e do vinho, pois significa *"vino acre"*, ou seja, o vinho que se transformou em vinho acre ou vinagre (ver receitas caseiras adiante).

Propriedades químicas e benefícios para a saúde

O maravilhoso vinagre de maçã contém, dentre inúmeros componentes, cálcio, potássio, boro, magnésio, manganês, ferro, silício, betacaroteno, pectina e ácido acético e ácido málico. Seu pH ideal é de 4,5. Os mais conhecidos propagadores dos benefícios do vinagre de maçã, nos últimos tempos, são os médicos D.C. Jarvis e Pires Van Koek.

O doutor Jarvis, norte-americano, habitante do Estado de Vermont no norte dos Estados Unidos, interessava-se em compreender a boa saúde e a vitalidade da população desse local. Surpreendia-se com pessoas com mais de 90 anos de idade trabalhando na lavoura com uma alegria impressionante. Depois de muita investigação, concluiu que esse Estado produzia muita maçã, e que a população tinha o hábito de fazer e consumir o vinagre natural dessa fruta, ingerindo duas colheres de sopa em um copo de água morna, pela manhã, em jejum. Isso mantinha as pessoas saudáveis, com peso ideal, e com as células preservadas contra o envelhecimento precoce.

Concluiu também que o vinagre de maçã é benéfico para a manutenção dos bons níveis de colesterol, da boa digestão e da boa circulação do sangue, além de manter o sistema imunológico forte e saudável, no auxílio da manutenção de ossos e músculos resistentes. Enfim, um verdadeiro elixir da boa e longa vida. Descobriu ainda que ajuda na correção de vários distúrbios de saúde, até mesmo para desinfetar machucados e feridas, e que era excelente também para auxiliar no combate de dores de garganta. Já o doutor Van Koek descreve o vinagre de maçã como um excelente emagrecedor, fortificante, desintoxicante do organismo e rejuvenescedor.

Utilização

Existem pessoas que utilizam duas colheres de chá em um copo de água ingerido antes das principais refeições. Outros o utilizam na quantidade de duas colheres de sopa em um copo grande de água morna, em jejum, com uma colher de chá de mel. Se a pessoa for diabética, suspende-se o mel. Indicamos aqui utilizar duas colheres de sopa de vinagre orgânico em um copo grande de água morna, pela manhã, antes do café da manhã.

Recomendamos veementemente que se use apenas vinagre orgânico, por todas as razões já relatadas neste livro. Com a ingestão, a pessoa se sente forte, mais leve, mais saudável, com a digestão muito melhor. Há relatos também de emagrecimento natural sem grandes alterações na dieta. A perda natural de peso varia ente um a quatro quilos por mês. Observe que a perda de peso é individual, depende de cada organismo. Muitos iniciam essa perda já no primeiro mês, e outros demoram um pouco mais. É preciso ter calma, paciência e perseverança, que os bons resultados seguramente virão. Mas é necessário tomá-lo todos os dias, com disciplina.

Restrição ao uso

Como qualquer outro alimento, o vinagre de maçã serve para muitos, mas não para todos. Em especial, desaconselhamos seu uso sem rigorosa supervisão médica por gestantes, pessoas com sérios distúrbios digestivos, pessoas em tratamento de doenças graves e que utilizam muita medicação. Use sempre do bom senso, e converse com o profissional de saúde que o assiste.

Ameixa preta

É uma planta originária do sudeste europeu e da Ásia. Acabou sendo depois melhorada e modificada pelos americanos, e hoje existem mais de 300 variedades de ameixeiras em produção. A Califórnia, nos EUA, é um dos maiores produtores mundiais. O Chile também tem uma produção bastante significativa, exportando esse produto especialmente para o Brasil. Em nosso país, a maior parte das ameixas secas que chegam é do Chile.

Propriedades químicas e benefícios para a saúde

A ameixa é rica em cálcio, potássio, ferro, fósforo, magnésio, vitaminas A, B6, B9 (ácido fólico), C, E, hidroxifenilsatina, frutose, fibras e pectina. É um alimento muito saboroso e rico em nutrientes. É uma fonte enorme de potássio como a banana, e é excelente para quem pratica esportes e para quem tem cãibras. A hidroxifenilsatina, segundo o professor Lelington Lobo Franco, juntamente com as fibras, ajuda no peristaltismo do intestino, auxiliando na expulsão das fezes e deixando o intestino livre e limpo.

Por sua composição, contém nutrientes importantes para auxiliar as pessoas que têm crises de enxaqueca. É de poderosa ajuda na boa função hepática. É muito energética graças à quantidade de frutose (açúcar das frutas) concentrada em seu fruto, e rica em pectina, que auxilia na remoção de toxinas do organismo. Contém ferro, que é importante para o equilíbrio da correta composição do sangue e para auxiliar a manter forte o sistema imunológico.

Utilização

A ameixa preta traz muitos benefícios, como ajudar o rejuvenescimento celular, a limpeza das toxinas no organismo, o fornecimento de minerais, vitaminas e também de açúcar, como a frutose, excelente para quem é atleta. Uma indicação de utilização é consumir de três a cinco ameixas secas por dia, pela manhã. Uma opção é deixar de molho na água à noite e, de manhã, tomar a água e depois comer as ameixas.

Muitas pessoas perguntam o que fazer quando alguém sofre de prisão de ventre. Indicamos fazer a geleia de ameixa preta, usando o açúcar cristal orgânico ou o mascavo, que é rico em ferro e que, de todos os açúcares, é o mais indicado, por conter uma quantidade muito grande de minerais e não conter todas as toxinas do açúcar branco refinado. Essa receita consta no capítulo das receitas, a seguir. Pode-se consumir inicialmente ingerindo uma colher (chá) rasa pela manhã, no café da manhã. Se fizer efeito, essa será a dose para a pessoa. Caso o intestino não funcione bem, pode-se consumir uma colher rasa duas vezes ao dia, ou seja, uma colher pela manhã e outra à noite. Ou pode-se consumir uma colher de sopa dessa geleia de ameixa somente pela manhã. O resultado esperado costuma ser sempre muito bom. Para as crianças com prisão de ventre, costuma ser um ótimo auxiliar na regularização do intestino.

É preciso lembrar sempre que a ingestão correta de água na temperatura ambiente ou morna é fundamental para regularizar o trânsito intestinal. Muitas pessoas têm problemas intestinais simplesmente porque não tomam a quantia adequada de água, que deveria ser em torno de dois litros para uma pessoa que pese 70 quilogramas. Em dias quentes e para pessoas que praticam esportes, essa quantidade pode aumentar.

Outra maneira de ingerir a ameixa preta é acrescentando-a em bolos. Pode-se também picá-la e acrescentá-la a biscoitos, pudins, etc. Assim, há muitas possibilidades de utilizá-la na culinária do dia a dia. Hoje, no mercado de produtos naturais, é fácil encontrar vários tipos de bolos: integral, com frutas secas, bolos ingleses (que são pura fruta), o bolo inglês de natal, etc. Todos possuem uma grande quantidade de ameixas secas. Prefira consumi-la ao natural, pois é bem doce, saborosa, e sem adição de açúcar. O efeito é excelente.

É sempre bom ressaltar o poder antioxidante da ameixa preta, ou seja, seu poder antienvelhecimento, como também o têm o mirtilo, o damasco turco e as amoras. Dê sempre preferência aos produtos orgânicos, mais saudáveis e mais nutritivos.

Restrição ao uso

Mulheres grávidas que nunca comeram ameixas pretas deverão consultar seu médico antes. Se a pessoa tem hemorroidas, também deverá consultar seu médico. Sempre usar do bom senso acima de tudo, e sempre informar seu médico de que você está adicionando um alimento ou um chá diferente à sua dieta diária.

Bardana

É cientificamente conhecida como *Arctium lappa*. Tem origem na Europa e na Ásia, sendo hoje adaptada a todos os continentes. É uma planta muito reverenciada no Japão, e nós no Brasil aprendemos a usar especialmente a raiz. O professor Panizza, em seu livro, indica o uso do pó feito com a raiz de bardana. É fácil de ser conservada e ainda mantém todas as suas propriedades benéficas para o organismo.

Propriedades químicas e benefícios para a saúde

Possui como princípios ativos a inulina, mucilagens, taninos, sais minerais, alguns princípios antibióticos, vitaminas do complexo B, dentre outros. É um alimento muito rico que normalmente não tem contraindicação.

Os benefícios ao organismo são incontáveis, até mesmo como auxiliar na eliminação de furunculose, já que é um depurativo do sangue. É diurética, pois auxilia na eliminação do ácido úrico, e laxativa, por melhorar a função intestinal. É um alimento muito usado para problemas de pele, da vesícula biliar, na insuficiência hepática, e também para melhorar toda a função orgânica geral. É ainda uma raiz reconhecida como protetora hepática.

Utilização

Os chineses sempre falam que todas as raízes, sobretudo a bardana, tonificam as funções renais. Então, é uma planta muito importante, em especial para as pessoas que estão debilitadas ou que já tenham certa idade, com dificuldades em manter a boa saúde. É uma planta que melhora toda a função orgânica da pessoa e também a função do sistema linfático, que é muito importante para drenar as toxinas e impedir o acúmulo de líquidos no organismo. Isso ocorre bastante quando a pessoa consome bebida alcoólica.

Há pessoas que começam a inchar com apenas uma taça de vinho por dia; porém, há outras que precisam consumir uma quantidade maior para inchar. Mas toda pessoa que consome muito álcool é inchada, pois o sistema linfático fica sobrecarregado e não consegue drenar o acúmulo de líquidos que acabam ficando retidos no organismo.

A bardana é muito utilizada na culinária japonesa, ralada, rapidamente cozida e temperada com *shoyu*. Se você for ao bairro da Liberdade, em São Paulo, todas as casas de alimentos japoneses têm a raiz de bardana. Na embalagem geralmente vêm de três a seis raízes bem grandes de bardana, da grossura de um polegar, com 2,5 centímetros de diâmetro, e com comprimento que chega a até 50 centímetros. Se consumida crua, lembra um pouco o sabor de terra.

Existe um segredo para prepará-la: não se deve tirar a casca, pois ela contém muitos nutrientes saudáveis. Assim, deve-se apenas passar levemente uma escovinha para tirar a terra, esfregar com a mão, lavá-la bem e depois prepará-la com o máximo possível de casca. Pode-se colocar uma cápsula de bardana em uma garrafa de água de meio litro, fria ou morna, chacoalhar e tomar como se fosse um "chá" de bardana. É muito diurético. É realmente impressionante: você toma essa água e imediatamente tem vontade de ir ao banheiro para urinar.

Restrição ao uso

Mulheres grávidas devem consumir bardana com o consentimento de seu médico.

Azeite de oliva extra virgem

A oliveira, cientificamente chamada de *Olea europea*, teve o início de seu cultivo comercial por volta de 4.500 anos a.C., na região oriental do mar Mediterrâneo, espalhando-se por todo o Oriente, Europa, norte da África, América do Sul, e Austrália.

Propriedades químicas e benefícios para a saúde

O azeite extra virgem é riquíssimo em vitamina E, possuindo também vitaminas A, D e K, flavonas e gordura monoinsaturada. O melhor azeite é classificado como extra virgem, obtido por prensagem a frio, e com acidez inferior a 0,8%, em que as azeitonas são lavadas e processadas com menos de 24 horas da colheita. Após o processamento, o azeite obtido é centrifugado, filtrado ou não, e envasado.

O maravilhoso azeite é um excelente antioxidante, que auxilia na desintoxicação do organismo, na manutenção da juventude, no fortalecimento do sistema imunológico, na manutenção de níveis desejados de pressão arterial e na prevenção de alguns tipos de câncer, especialmente o câncer de mama. É um dos ingredientes mais importantes da renomada e saudável dieta mediterrânea. Exerce ação muito benéfica ao coração, à circulação sanguínea, e à manutenção de níveis desejados de colesterol. Auxilia muito na boa função intestinal e também pulmonar.

A literatura ainda cita como suas funções benéficas o combate a pedras nos rins e na vesícula, a prevenção das inflamações de estômago e o envelhecimento, principalmente do cérebro. Diz ainda ser muito útil para manter saudáveis as articulações do corpo.

Utilização

Existem muitas teorias sobre a utilização saudável do azeite. Há pessoas que consomem duas colheres de sopa pela manhã com gotas de limão, para a manutenção da boa saúde e para auxiliar na expulsão de pedras nos rins e na vesícula. Outras utilizam o azeite em alimentos crus (saladas) ou cozidos, mas apenas após o cozimento, quando o alimento já está no prato, antes de ser ingerido. Na linguagem culinária, diz-se que é utilizado na finalização dos pratos e saladas.

Outras, ainda, cozinham com o azeite, embora estudiosos digam que para o cozimento ou fritura existem óleos mais saudáveis, como o de girassol, milho, canola, etc. É claro que é um assunto polêmico, e as opiniões são divergentes. É desnecessário dizer que o consumo de frituras deve ser reduzido ao mínimo possível. O azeite é bastante utilizado ainda em cosméticos e em queimaduras.

Restrição ao uso

Pessoas com hemorroidas, disfunções digestivas severas, e em dietas com restrição de gorduras devem consumir azeite somente após a aprovação médica.

Suco de uva tinto orgânico

A uva sempre teve grande importância na história do ser humano. Desde sempre, a uva foi reverenciada como um alimento sagrado, com um alto poder curativo e, sobretudo na cultura cristã, é considerada "o sangue de Cristo". A uva é descrita várias vezes na própria Bíblia. Dizem que Noé a cultivava e a usava muito, até mesmo fermentada, para fazer o vinho, naquela época. Sem falar nas uvas de Canaã. Sempre esteve presente nos banquetes dos reis, e os estudos descritos por Lelington Lobo Franco, no seu livro *As incríveis 50 frutas com poderes medicinais* são impressionantes (esse é um livro muito bom e nós o recomendamos).

Propriedades químicas e benefícios para a saúde

A uva é riquíssima em cálcio, ferro, fósforo, potássio, vitamina A, vitaminas do complexo B, vitamina C e frutose. É altamente energética para quem pratica esportes. É muito rica também em taninos, flavonoides, quercetina, que é encontrada na casca, e regulariza os níveis de colesterol, mantendo normais tanto o LDL como o HDL. Está comprovado que a uva é excelente para combater os radicais livres. Sabe-se hoje que um dos componentes mais importantes da uva é o resveratrol, substância conhecida como um protetor arterial e vascular, que retarda de modo eficaz o envelhecimento, ajuda na manutenção do bom colesterol, e preserva a elasticidade natural das artérias e das veias.

É assim um alimento muito importante, fundamental. A casca da uva escura contém substâncias fantásticas, que são encontradas, portanto, no vinho tinto e no suco de uva tinto. A uva é um antioxidante espetacular, com propriedades reconhecidamente inibidoras do desenvolvimento das células cancerígenas. Muitos livros descrevem seu poder preventivo e curativo, com ênfase em sua ação para regularizar o colesterol, evitando derrame cerebral, reduzindo as placas de gordura no organismo, impedindo o desenvolvimento do câncer, também como excelente alimento para o coração.

Também está comprovado que o consumo de vinho tinto ou suco de uva de boa qualidade, de preferência orgânico, reduz a possibilidade do infarto. Existem estudos no mundo inteiro, especialmente nos EUA, comprovando essas observações. A Associação Americana do Coração faz um apelo grande aos seus colegas médicos que deixam de receitar o consumo de vinho tinto aos pacientes e solicitam que os médicos receitem o uso do vinho ou suco de uva tinto para que o paciente mantenha o coração saudável.

Ainda como indicações encontradas na literatura para o suco de uva: auxiliar nos tratamentos de anemia, fadiga crônica, artrite, artrose, varizes, reumatismo e diversos males relacionados à idade. É um dos grandes protetores do coração e do sistema circulatório, sobretudo em função da substância quercetina, que combate inflamações, auxilia muito o sistema cardiovascular e a digestão.

Utilização

A quantidade para a prevenção de problemas no coração é muito discutida, mas, como regra geral, deve-se ingerir uma taça de vinho, de uma a duas vezes por dia, e de dois a quatro copos de suco de uva ao dia. Segundo muitos estudos, a proporção é de uma taça de vinho para dois copos de suco de uva, porém, outros estudos dizem que se o suco de uva for de excelente qualidade, orgânico, um copo equivale a uma taça de vinho tinto.

É muito importante que seja vinho de excelente qualidade e tinto, porque no branco não foram retirados da casca os taninos e o resveratrol, que são os grandes antioxidantes encontrados no vinho tinto e no suco de uva tinto. A uva realmente tem propriedades medicinais impressionantes. O próprio Gandhi, quando doente, ficava três dias tomando apenas suco de uva. Sua dieta era suco de uva o dia inteiro, pois essa prática limpa todas as células. Sabe-se também que promove a limpeza do intestino, tem a capacidade de remover placas de muco que ficam grudadas no intestino grosso e impedem a absorção de bons nutrientes, vitaminas e minerais e que acabam acumulando toxinas no organismo da pessoa.

Existem pessoas que, em jejum absoluto, praticado por situações religiosas, que geralmente dura um dia só, tomam somente água e bastante suco de uva orgânico. Uma maneira interessante de consumir a uva é com a uva passa, especialmente em biscoitos, bolos ou mesmo pura. A uva-passa preta conserva muitos nutrientes e é um excelente alimento para os atletas, pessoas com prisão de ventre, e também para os cães. Você pode consumir a uva-passa em biscoitos, como os de aveia com uvas-passas, em que se usa farinha integral em pouca quantidade, aveia em flocos, tanto a fina quanto a grossa, e a uva-passa. Como gordura, pode-se usar a manteiga, de preferência a orgânica. É um dos alimentos mais saudáveis, gostosos e ricos em fibras que há.

Hoje existem muitas barras de cereais que vêm com a uva-passa. Existem inúmeras maneiras de se consumir a uva preta: você pode tomar um bom vinho, e se não quiser bebida alcoólica, pode tomar o suco de uva tinto, e se ainda assim não quiser, pode comer a uva-passa preta, fazer bolos, biscoitos, pães e uma série de sobremesas. Muitas pessoas gostam de comer o arroz integral com uva-passa preta. Os americanos são loucos por uva-passa na salada, como um de seus ingredientes. Enfim, a uva é riquíssima em fibras. O suco de uva tinto e a uva-passa preta auxiliam muito no bom funcionamento do intestino.

Há pessoas que sofrem de gases quando consomem o suco de uva muito rapidamente; o segredo é mantê-lo na boca um pouco. Você pode até reparar, por exemplo, que quando come uma comida gordurosa, se tomar o vinho tinto ou o suco de uva tinto e deixá-lo um pouco na boca, e saboreá-lo de forma que preencha a sua boca, ele retirará toda a gordura. A digestão também ficará muito boa. Pessoas que têm intolerância a beber qualquer líquido durante a refeição normalmente aceitam bem o vinho tinto, que auxilia ainda na digestão de carnes gordas, e dizem até que é um dos grandes segredos dos franceses para se manterem sempre esbeltos. Em vez de tomar refrigerante na refeição ou outro tipo de líquido, eles sempre tomam um copo de vinho tinto, de muito boa qualidade.

Existem relatos de pessoas já de muita idade que consomem o vinho tinto no café da manhã, em jejum, antes de tomar o desjejum, para auxiliar na desintoxicação do organismo. É claro que isso é absolutamente proibido para quem tem problemas com o alcoolismo. Os relatos contam que o copo matinal de vinho tinto não deixa a pessoa bêbada, dá um bem-estar enorme e não provoca inchaço. Muitos relatam que, ao tomar o vinho tinto à noite, ficam inchados e, muitas vezes, com dor de estômago; porém, ao tomar pela manhã ou na hora do almoço, ele só traz benefícios.

Isso é interessante. Muitas vezes, as pessoas deixam de consumir um alimento porque está sendo consumido na hora errada. Como regra geral, beber bebida alcoólica (o vinho) à noite não é bom, mas pode-se beber durante a manhã e na hora do almoço também, e consumir em doses pequenas e bem devagar. Seu organismo agradecerá em vigor e boa saúde.

Restrição ao uso

Diabéticos devem consumir o suco de uva apenas após o consentimento do médico e sempre com extrema moderação.

Café

Pertencendo a família das *Rubiaceaa* e com o nome científico *Coffea arabica L.*, o café tem suas origens na Etiópia, sendo que, atualmente, os maiores produtores são Brasil, Colômbia, México, Indonésia, Quênia e Costa do Marfim.

Propriedades químicas e benefícios para a saúde

Seu constituinte mais famoso é o alcaloide conhecido como cafeína, mas ele possui também teobromina, teofilina, ácido clorogênico, esteróis, fenóis, proteínas e taninos, dentre outros componentes. O café tem mais de 190 substâncias que, mesmo em quantidades muito pequenas, são importantes para o bom funcionamento do cérebro. Em pequenas doses, por conter um estimulante mundialmente reconhecido que é a cafeína, o café estimula o organismo a ter uma maior atividade, melhorando o raciocínio e a concentração e diminuindo a sonolência e o cansaço. É, sem dúvida, um grande estimulante do sistema nervoso central. A literatura e a experiência prática também relatam uma melhora na função intestinal, redução dos níveis do colesterol LDL, redução dos níveis de glicose no sangue, além de ser diurético.

Utilização

O café deve ser tomado imediatamente após seu preparo em máquinas que moem e tiram o café, ou no coador. Não devemos armazenar o café pronto para o consumo em garrafas térmicas, pois ele irá oxidar rapidamente, gerando substâncias tóxicas ao organismo, e também aumentando a possível agressão à mucosa do estômago.

Uma a duas xícaras ao dia é a quantidade ideal para a maioria das pessoas. Tome café pela qualidade e não pela quantidade. Procure cafés de qualidade e evite comprá-los somente pelo preço. Nos dias de descanso ou em retiros de oração e meditação, evite o consumo da bebida, para que possa aproveitar melhor o bom momento de introspecção e relaxamento. Sabe-se também que a abstinência do consumo de café pode causar dores de cabeça, pela falta da ingestão de cafeína.

Restrição ao uso

Mulheres grávidas ou que estejam amamentando, hipertensos, ansiosos, pessoas com insônia e pessoas que sofrem de processos inflamatórios em geral devem consumir café com muita cautela ou até evitá-lo por algum período.

Batata yacon

A batata yacon, cujo nome científico é *Smallantus sonchifolius*, é na verdade originária dos Andes peruanos. Muitos pensam ser essa maravilhosa raiz originária do Japão, mas os japoneses levaram a planta do Peru para o seu país e depois a trouxeram para o Brasil. É uma planta que tem entre 1,5 e 3 metros de altura, com folhas parecidas com as do girassol, e pequenas flores amarelas de uma beleza muito grande. Suas raízes parecem com as da batata-doce, mas os componentes químicos são bem diferentes.

Propriedades químicas e benefícios para a saúde

As raízes da batata yacon são ricas em inulina e fructo-oligossacarídeos (FOS), que não podem ser absorvidos pelo nosso organismo e que também impedem a absorção de sacarose, ou seja, o açúcar dos outros alimentos. A batata yacon possui também algumas vitaminas, minerais e muita água; seu sabor adocicado e sua textura lembram a da maçã e a da pera, podendo ser consumida crua.

Dentre seus excelentes benefícios para a boa saúde, podemos destacar a redução dos riscos da diabete e o controle da glicose, pois os FOS inibem a absorção de açúcar pelo nosso organismo. Sabe-se que já era utilizada pela medicina natural das civilizações anteriores aos incas. A batata yacon melhora a função intestinal, pois a inulina é um probiótico que nutre as boas bactérias do intestino. Alguns autores também descrevem os benefícios para a circulação sanguínea e o auxílio nas dietas de emagrecimento. Acreditamos, pela experiência e pela observação, que a batata yacon é um poderoso auxiliar na desintoxicação do organismo.

Utilização

Costuma-se consumir uma rodela da batata yacon de 2 a 5 centímetros de diâmetro de manhã, ou antes de se consumir algum doce. Pode-se também bater no liquidificador com algum suco, com vinagre, com água de coco e limão, etc. O ideal é descascá-la somente na hora de consumir, pois ela oxida rapidamente. Muitos também a colocam nas saladas ou cozida em alguma sopa, ou ainda fazem picles para que se conserve por mais tempo.

Restrição ao uso

É contraindicada para pessoas com hipoglicemia. Pessoas com hipotensão e mulheres grávidas devem consultar o médico antes de iniciar seu consumo.

Noni

A *Morinda citrifolia* é uma planta nativa das ilhas do Pacífico, especialmente da Polinésia Francesa e do Havaí. Existe também em muitos países da Ásia, da Oceania, da América Central e da América do Sul. No Brasil, há plantios comerciais nos Estados do Amazonas e do Pará.

Propriedades químicas e benefícios para a saúde

O noni é um fruto com elevado poder antioxidante, que contém mais de 150 substâncias saudáveis. É rico em um alcaloide chamado xeronina, substância que está presente nas células saudáveis, e que é fundamental para a boa função celular. Contém também morindina, damnacanthal, escopoletina, antraquinonas, ácidos orgânicos diversos incluindo o acético e o linoleico, além de vitaminas A, C e complexo B, e minerais como ferro, magnésio, cálcio, potássio, cobre e cobalto. Contém ainda pectina, glicose, frutose e outros nutrientes.

O doutor Neil Solomon, médico norte-americano, tem sido um dos maiores pesquisadores do noni, tendo realizado inúmeras pesquisas clínicas com o produto. Ele relata que a ingestão de 30 a 60 ml de suco de noni por dia é capaz de auxiliar no tratamento de diversas doenças, como câncer, Aids, artrite, artrose, diabete, problemas digestivos, dores em geral, insônia, depressão, alergias e estresse, trazendo grande reforço para o sistema imunológico. Auxilia ainda no abandono do tabagismo e do alcoolismo e de outras diversas drogas. Por nossa observação, notamos que o noni ainda auxilia na limpeza intestinal, pois é um fruto que faz uma verdadeira "faxina" em nosso organismo.

Suas incríveis propriedades devem-se aos mais de 150 nutrientes saudáveis do noni, especialmente a xeronina, que permite que as células do corpo trabalhem melhor, com mais eficácia, como na juventude. A herbalista Rita Elkins é outra entusiasta do noni. Prefere não chamá-lo de "fruta milagrosa", mas diz que realmente é uma excelente opção para auxiliar na aquisição e manutenção da boa saúde. Diz também que o noni pode ser um aliado na mudança de hábitos pouco recomendados para hábitos mais saudáveis.

A pesquisadora Isa Navarre é outra estudiosa dos excelentes efeitos do noni na manutenção da boa saúde física, mental e emocional. Ela é a autora do livro *101 ways to use noni fruit juice for your better health*, ainda não disponível em português. Ela endossa as descobertas do doutor Neil Solomon e ainda oferece mais dicas de como aproveitar melhor esse fruto maravilhoso na vida das pessoas e também com os animais de estimação. Inúmeras universidades norte-americanas, especialmente a universidade do Havaí, também têm demonstrado resultados impressionantes do suco concentrado de noni no combate ao câncer e outras doenças. Utilizamos e estudamos o noni há muitos anos, tendo contato com pessoas do mundo todo que nos trazem relatos maravilhosos que confirmam nossa experiência.

Utilização

O noni é para muitos, mas não para todos. Pessoas jovens, saudáveis, que dormem bem e não têm grandes preocupações não precisam de noni. Mas quem trabalha muito, não se alimenta muito bem, dorme mal, ou abusa dos esportes seguramente terá no noni um de seus melhores amigos. Outro fato importante é que, com o consumo de noni, a pessoa deverá utilizar quantidades menores de insulina e medicamentos diversos, e deverá se recuperar mais rápido, porque o noni deixa o organismo mais eficaz no aproveitamento dos nutrientes e dos medicamentos, e na eliminação de toxinas. Claro que isso sempre deve ser feito com o devido acompanhamento médico.

O consumo de suco concentrado na quantidade de 30 a 60 ml ao dia para uma pessoa de 60 quilos costuma surtir um ótimo efeito. A pessoa pode dividir essa quantidade em duas vezes ao dia, pela manhã e à noite. Poderá consumir mais se quiser, sem efeitos nocivos. Todos os estudos clínicos realizados com pessoas e animais, depois confirmados por exames de laboratório, mostram que o noni é um alimento muito seguro. Pode ser utilizado como um complemento alimentar na prevenção de diversas doenças. Deve-se usar durante três meses e fazer um intervalo de uso de 15 dias, e depois retomar o consumo por mais três meses, e a seguir, o descanso, e assim sucessivamente. O Brasil, o Peru, os Estados Unidos e o Taiti têm suco de noni e noni em pó de excelente qualidade. Caso compre noni em pó, poderá misturá-lo a algum suco ou água, na quantidade de uma a duas colheres de chá ao dia, ou mais se preferir.

Atualmente, o Brasil é um dos únicos, ou o único país a proibir o consumo de noni. A alegação é que não se sabe se ele é seguro para o consumo humano. Os estudos realizados no Japão, Alemanha e Estados Unidos confirmam que o suco do fruto de noni é muito seguro e saudável, tanto que esses países juntos compram 85% da produção mundial de noni. Os povos do Pacífico consomem esse suco e comem os frutos há mais de dois mil anos sem problema algum. Quem será que tem razão?

Restrição ao uso

Diabéticos necessitam de acompanhamento rigoroso para adequar o consumo de noni às doses de insulina de que necessitam. Mulheres grávidas devem ter o aval de seus médicos. Pessoas com doenças graves devem ter um rigoroso acompanhamento médico.

Quinua

A quinua, ou quinoa, é um cereal andino riquíssimo em nutrientes e supersaudável. Seu nome científico é *Chenopodium quinoa willd*, e é cultivada há mais de cinco mil anos, especialmente no Peru e na Bolívia, e torna-se cada vez mais conhecida e popular em todo o mundo pela qualidade de seus nutrientes. É conhecida também como o pequeno arroz, arroz miúdo ou arroz dos incas. Estivemos em Cuzco, no Peru, para visitar o vale sagrado dos incas, e pudemos conhecer a planta, que possui uma das inflorescências mais lindas que já vimos, especialmente de cor vermelho-alaranjada.

Propriedades químicas e benefícios para a saúde

A quinua é uma planta que possui em seus grãos aminoácidos essenciais, especialmente a lisina. Contém em torno de 16% de proteína, 60% de carboidratos, ferro, cálcio, fósforo, magnésio, potássio, fibras, vitaminas do complexo B, dentre outros. É um alimento maravilhoso, especialmente para crianças, atletas e idosos, pois é muito nutritivo e de fácil digestão. Para pessoas com intolerância ao glúten, essa é uma excelente opção, pois não há glúten nesse cereal. É um dos alimentos utilizados pela Nasa. Normalmente, seu cultivo é orgânico, o que a torna ainda mais saudável.

Utilização

Pode-se cozinhar a quinua como o arroz, e até misturá-la a ele. No arroz integral, é melhor acrescentá-la após dez minutos do início do cozimento, pois ela cozinha mais rapidamente. Muitos restaurantes utilizam quinua em farofas, saladas, tortas. Pode-se também utilizar a farinha de quinua como substituto da farinha de trigo. Também é possível usar os flocos de quinua misturados a flocos de aveia e acrescentar a biscoitos, bolos, sucos e vitaminas. Existem também barras de cereais e granolas com quinua, que são deliciosas e muito saudáveis.

Restrição ao uso

Pessoas com intestino solto, com colite ou distúrbios relacionados ao excesso de fibra na dieta devem ter cautela com o consumo excessivo desse cereal.

Limão

Esse fruto abençoado e "milagroso" possui o nome científico de *Citrus limon (L.) Burm*.

É natural da Ásia e possui várias espécies com propriedades similares. Hoje é cultivado em todo o mundo, principalmente no Brasil.

Propriedades químicas e benefícios para a saúde

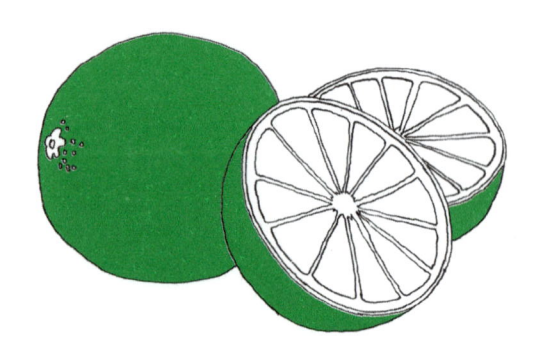

São muitos os livros que informam sobre os poderes preventivos e curativos do limão. Segundo a química Conceição Trucom, a composição química do limão lhe confere o poder de alcalinizar e depurar o sangue, ativar a circulação, ativar o sistema imunológico, servir como bactericida e antivirótico, colaborar na desintoxicação do fígado e no bom funcionamento da vesícula biliar, além de auxiliar no emagrecimento, dentre outras propriedades. A literatura cita o limão como diurético, antirreumático, como auxiliar na prevenção de doenças circulatórias e respiratórias, e auxiliar da função intestinal. A medicina popular também utiliza o limão para combater o ácido úrico. Em sua composição química há os ácidos málico e cítrico, limoneno, linalol, citral, cumarinas, vitamina C, magnésio, e outros.

Utilização

Resultados impressionantes podem ser obtidos com o limão quando tomado o sumo puro de 1 a 3 frutos pela manhã, em jejum. O limão pode ser dos tipos galego, cravo, taiti ou siciliano, mas é importante bebê-lo com um canudinho, pois a acidez do limão pode tirar o esmalte dos dentes. O ideal é diluí-lo em um copo de água morna. Muitas pessoas com incapacidade gástrica de consumir laranja, tangerina e lima têm consumido com muito sucesso o limão e têm se sentido muito bem, pois sua acidez tem ação diferente em nosso organismo. Na dúvida, use sempre o bom senso e terá resultados ótimos. Pode-se também tomar o chá do limão, em infusão feita com três a seis folhas pequenas do limoeiro por xícara de chá. Deixe repousar por 3 minutos e beba a seguir.

Restrições ao uso

Pessoas com problemas sérios de saúde, principalmente problemas digestivos, devem ter especial acompanhamento de um médico. Recomendamos também informar o nutricionista e o médico se pretende utilizar o limão dessa maneira.

Sucos de verduras e legumes ricos em clorofila

Segundo a química Conceição Trucom, a clorofila é chamada de "sangue verde", tamanha a importância que tem em nossa dieta. Além disso, sua composição química assemelha-se à composição do plasma sanguíneo. A clorofila auxilia na nutrição, limpeza e desintoxicação do organismo, regulando as taxas de colesterol, a boa circulação sanguínea, o correto funcionamento do corpo. Além disso, utilizar vegetais dá um aporte importante de fitoquímicos, entre eles os carotenoides, a luteína, os glucosinolatos e o sulfurafane, que auxiliam na manutenção de um organismo forte e saudável.

Verduras como couve, salsinha, azedinha, brócolis, agrião e rúcula são alimentos excelentes para auxiliar na nutrição e na limpeza do organismo. Seguramente, o suco de verduras e legumes pode ser um auxiliar na redução do colesterol, principalmente se associado ao suco de noni. Você pode acrescentar cenoura e beterraba, que darão um sabor mais doce a esses sucos. Caso não queira ou não possa incluir a cenoura e a beterraba, utilize água de coco para que obtenha um ótimo sabor. Caso utilize o liquidificador, poderá usar uma peneira grossa para reduzir um pouco a quantidade de fibras da dieta. Pessoalmente preferimos consumir esses sucos sem coar, para aumentar a quantidade de fibras ingeridas. De preferência, consuma alimentos provenientes de uma agricultura orgânica, pois são mais concentrados, saudáveis e saborosos.

Capítulo 4

Receitas saudáveis

Receitas da Cátia Fonseca

Quando lembro da minha infância, acabo recordando de momentos em que minha mãe e avós sempre "trocavam experiências" sobre receitas naturais de saúde. Era a famosa medicina popular, que todos usamos e sabemos de seus benefícios, mesmo antes de comprovações científicas.

Minhas avós sempre foram muito ativas e dispostas, como também foi sempre minha mãe. Conversando com minha mãe, acabei descobrindo o que elas sempre fizeram e resolvi colocar aqui. Elas recomendavam ter uma alimentação sempre cheia de frutas, verduras e legumes. E também para sair, literalmente, do sofá! Minha bisavó morreu com 85 anos e, até o fim de sua vida, cuidava sozinha da horta com muita vitalidade. Minha avó Cybelle fazia tudo em casa, e não apenas os afazeres domésticos, mas também reformas, pois ela mesma colocava a mão na massa. Minha avó Dolores ia pelo menos três vezes por semana a um centro espírita ajudar na costura, a fazer bazar, a entregar cestas básicas e o que mais precisassem. Sem falar que durante toda a sua vida cuidava da casa e era a responsável pela cozinha sempre que a família chegava.

Principalmente nos dias de hoje, a preocupação com a saúde é muito grande, e devemos aproveitar para cuidarmos da nossa saúde, e não só da doença. Fiz um filme mental de memórias para que eu pudesse lembrar de algumas dicas de minha família e registrá-las neste livro. Ainda tive momentos de grandes lembranças com minha mãe, Marly, já que, infelizmente, não tenho mais a presença das minhas avós entre nós.

Para combater azia

Chá de funcho (erva-doce)

Ingredientes
15 gramas de sementes e folhas de erva-doce (funcho)
1 litro de água
Mel a gosto

Preparo e uso
Fazer um chá das sementes e folhas, adoçar com mel e tomar três xícaras ao dia.

Chá de erva-cidreira

Ingredientes
20 gramas de folhas de erva cidreira
1 litro de água
Mel a gosto

Preparo e uso
Fazer um chá das folhas, adoçar com mel e tomar três xícaras ao dia.

Para combater e prevenir pedras nos rins

Meu marido, Dáfnis, teve algumas crises de pedras nos rins, e acabamos recorrendo às indicações das minhas avós quanto à melhor forma de eliminá-las e até de preveni-las. Até hoje ele segue essas dicas:

Chá de chapéu-de-couro

Ingredientes
20 gramas de folhas de chapéu-de-couro
1 litro de água

Preparo e uso
Fazer um chá das folhas, adoçar a gosto e tomar quatro xícaras ao dia.

Chá de quebra-pedra

Ingredientes
20 gramas de folhas de quebra-pedra
1 litro de água

Preparo e uso
Fazer um chá das folhas, adoçar a gosto e tomar três xícaras ao dia. Quando não há incômodos, tomar pelo menos uma xícara ao dia para prevenir por algumas semanas e parar por uns dias, retornando a beber o chá em seguida.

Para combater a tosse

Quando eu e meus irmãos éramos crianças e tínhamos tosse com catarro, minha mãe sempre fazia essas receitas para nós. Até hoje, quando alguém da família está com tosse, preparamos as receitas:

Chá de maçã

Ingredientes
4 maçãs
1 litro de água
Mel a gosto

Preparo e uso
Cortar as maçãs em pedaços e ferver por dez minutos, fazendo um chá das frutas. Adoçar com mel e tomar uma xícara duas vezes ao dia, bem quente.

Xarope expectorante de agrião

Ingredientes
250 ml de suco de agrião (bater as folhas com um pouco de água)
1 xícara de mel

Preparo e uso
Adicionar 250 ml de suco puro de agrião com 1 xícara de mel de abelhas. Ferver até que adquira consistência de xarope. Depois de frio, tomar quatro colheres (sopa) a cada hora.

Xarope expectorante de abacaxi

Ingredientes
1 abacaxi
300 gramas de mel

Preparo e uso
Cortar o abacaxi e cozinhá-lo com 300 gramas de mel. Ferver até que adquira consistência de xarope. Depois de frio, tomar três colheres (sopa) quatro vezes ao dia.

Para combater cólicas menstruais

Minha irmã Carla sempre sofreu com cólicas menstruais. Segundo minha avó Cybele, estas receitinhas "eram tiro e queda". E não é que aliviavam mesmo?!

Chá de folhas de mangueira

Ingredientes
20 gramas de folhas de mangueira
1 litro de água
Mel a gosto

Preparo e uso
Fazer um chá das folhas, adoçar com mel e tomar quatro xícaras ao dia.

Chá de alecrim

Ingredientes
20 gramas de folhas de alecrim
1 litro de água

Preparo e uso
Fazer um chá das folhas, adoçar a gosto, e tomar quatro xícaras ao dia.

Chá de sálvia

Ingredientes
20 gramas de folhas de sálvia
1 litro de água

Preparo e uso
Fazer um chá das folhas, adoçar a gosto, e tomar quatro xícaras ao dia. Usada como tempero, a sálvia possui propriedades medicinais conhecidas pelos nossos avós há muito tempo como ótimo remédio para cólicas menstruais. O chá também é indicado para combater o sangramento de gengivas e para branquear os dentes.

Para parar a diarreia

Que criança nunca teve diarreia? Quando tínhamos, minha mãe nos dava:

Suco de maçã

Ingredientes
2 maçãs
200 ml de água

Preparo e uso
Cortar as maçãs em pedaços e bater no liquidificador com a água. Opcionalmente, acrescentar suco de 1 limão (para não escurecer). Tomar 250 ml de suco pela manhã, em jejum.

Chá de camomila

Ingredientes
20 gramas de folhas de camomila
1 litro de água

Preparo e uso
Fazer um chá das folhas, adoçar a gosto e tomar quatro xícaras ao dia.

Para tratar furúnculos

Minha bisavó dizia que quando tínhamos furúnculos era sinal de que o corpo estava "sujo" e que, usando estas receitas, limparíamos o organismo e já curaríamos os furúnculos:

Chá de limão com folhas de limoeiro

Ingredientes
20 gramas de folhas de limoeiro
1 limão
1 litro de água

Preparo e uso
Fazer um chá das folhas e do fruto, adoçar a gosto e tomar quatro xícaras ao dia.

Cataplasma de folhas de romã

Ingredientes
Folhas de árvore de romã maceradas

Preparo e uso
Fazer uma cataplasma com as folhas maceradas e aplicar durante duas horas, três vezes ao dia.

Para combater gases

Chá de folhas de abacateiro

Ingredientes
20 gramas de folhas de abacateiro
1 litro de água

Preparo e uso
Fazer um chá das folhas, não adoçar, e tomar quatro xícaras ao dia.

Chá de erva-doce (funcho)

Ingredientes
10 gramas de sementes de erva-doce
1 litro de água

Preparo e uso
Fazer um chá das sementes, não adoçar, e tomar quatro xícaras ao dia.

Para combater náuseas

Água de coco
Tomar água de coco em abundância, principalmente nas manifestações fortes.

Sumo diluído de limão
Diluir o sumo de alguns limões em água e tomar 250 ml. Não adoçar.

Para combater piolhos

Quando eu era criança, era comum, em algumas épocas do ano, as crianças pegarem piolhos. Quando isso acontecia, minha mãe usava a seguinte receita e depois passava pente fino:

Chá de arruda

Ingredientes
20 gramas de folhas de arruda
1 litro de água

Preparo e uso
Fazer um chá das folhas e não adoçar. Deixar amornar. Lavar a cabeça duas vezes ao dia com o chá morno, enxaguar com xampu ou sabonete e, depois do cabelo seco, passar pente fino.

Para combater resfriados

Inalação com chá de eucalipto

Ingredientes
30 gramas de folhas de eucalipto
1 litro de água

Preparo e uso
Ferver as folhas de eucalipto em água e inalar o vapor durante dez minutos.

Chá de laranja, canela e alho

Ingredientes
Casca de 1 laranja
Suco de 1 laranja
1 pedaço de canela em pau
1 dente de alho
1 litro de água
Mel a gosto

Preparo e uso
Fazer um chá com a casca e o suco da laranja, e mais um pedaço de canela em pau, um dente de alho. Adoçar com mel a gosto. Tomar antes de dormir.

Para combater prisão de ventre

Segundo pesquisas, 95% das mulheres sofrem com prisão de ventre. Mas nossas sábias avós já sabiam como resolver esse incômodo das mulheres que, segundo elas diziam, estavam "enfezadas".

Água de ameixas
Deixar ameixas secas de molho durante 6 horas. Em seguida, beber a água e comer as ameixas.

Suco puro de beterrabas
Tomar 250 ml de suco puro de beterrabas (beterrabas batidas no liquidificador) duas vezes ao dia.

Suco puro de cenouras
Tomar 250 ml de suco puro de cenouras (cenouras batidas no liquidificador) duas vezes ao dia.

Laranja com bagaço
Comer a laranja com o bagaço e também com a parte branca.

Chá de gengibre
Um chá de gengibre é ótimo para estimular o intestino preguiçoso.

Para melhorar a digestão difícil

Chá de hortelã
Ingredientes
20 gramas de folhas de hortelã
1 litro de água

Preparo e uso
Fazer um chá das folhas e adoçar a gosto. Também é um ótimo regulador das funções intestinais.

Para evitar anemia

Chá de salsinha

Ingredientes
20 gramas de folhas de salsinha
1 litro de água

Preparo e uso
Fazer um chá das folhas e adoçar a gosto. Tomar uma xícara quatro vezes ao dia.

Para combater angústia e ansiedade

Chá de melissa

Ingredientes
20 gramas de folhas de melissa
1 litro de água

Preparo e uso
Fazer um chá das folhas e adoçar a gosto. Tomar uma xícara várias vezes ao dia. Também é um alívio para dores de cabeça.

Para combater a ressaca

Eu não suporto bebidas alcoólicas. Mas quando alguém da minha família exagerava na bebida, usávamos chá de carqueja.

Chá de carqueja

Ingredientes
20 gramas de folhas de carqueja
1 litro de água

Preparo e uso
Fazer um chá das folhas e adoçar a gosto. Tomar uma xícara várias vezes ao dia.

Para combater retenção de líquidos

Uma dica da minha avó Cybelle para o bom funcionamento dos rins e também para não ter retenção de líquidos é tomar 500 ml por dia de água de coco, e também suco de maçãs.

Dicas das minhas amigas

Deixo aqui também algumas dicas que acabei aprendendo com amigas, e que dão continuidade aos ensinamentos que foram passados de geração a geração em minha família:

Para limpeza profunda dos poros
Limpar a pele com algodão embebido em chá de alecrim. É um ótimo adstringente.

Para olhos irritados
Lavar com água e um pouco de açúcar.

Para dor e inflamação dos olhos e ouvidos
Colocar leite materno.

Para furúnculos
Fazer um pirão com farinha de mandioca e alho, e, depois de morno, colocar no local. Outra sugestão é aquecer uma folha de fumo e colocar no local.

Para hemorroidas

Durante uma semana, ou quando a hemorroida estiver para fora, pegar uma folha de mamona, passar óleo de rícino e sentar em cima durante dez minutos.

Para pressão alta

Fazer um chá de folha de chuchu e tomar todos os dias.

Para cicatrização

Amassar folhas de erva-de-santa-maria e espremer no local.

Para gastrite

Bater uma folha de couve com leite no liquidificador e tomar um copo em jejum.

Para dor de estômago

Ferver leite com hortelã ou bater no liquidificador e tomar o sumo. Outra sugestão é fazer um chá de folhas de louro.

Para expectorar

Bater gervão com leite no liquidificador e tomar à noite.

Para verminoses

Tirar o sumo de um punhado de mentruz ou mastruz e colocar duas colheres de sopa de óleo de rícino e tomar ao deitar.

Para dor de cabeça

Colocar uma rodela de batata na fronte e ir trocando à medida que for esquentando.

Para dor de garganta

Fazer um chá de gengibre ou mastigar gengibre. É um "santo remédio"!

Receitas do José Estefno Bassit

Para combater dor de garganta

Gargarejo com vinagre e sal

Ingredientes
½ copo de água morna
1 colher (sopa) de vinagre orgânico
1 pitada ou 1 colher rasa (café) de sal marinho

Preparo e uso
Misturar tudo e fazer gargarejos de duas a três vezes ao dia.

Para expectorar

Xarope de ervas

Ingredientes
5 folhas de guaco
5 folhas de assa-peixe
5 folhas de menta
1 ramo de alecrim do campo
250 ml de água
2 a 3 colheres (sopa) de açúcar demerara ou cristal orgânico
350 ml de mel puro
20 a 100 gotas de própolis em solução glicólica

Preparo
Colocar em uma panela as ervas, a água e o açúcar orgânico, e deixar ferver em fogo baixo até formar uma calda ligeiramente grossa. Assim que engrossar, coar e deixar esfriar. Misturar o mel (somente quando o xarope estiver mor-

no, quase frio) e colocar de dez a cem gotas de própolis, de acordo com o que seu paladar suportar. O ideal é conservar na geladeira. Observação: usar os ingredientes que você tiver disponíveis, substituindo-os se necessário. Se quiser incluir o agrião e excluir alguma planta, fica a seu critério. De qualquer maneira, o xarope trará benefícios. O mel e a própolis obviamente não poderão faltar nesse xarope, pois são os ingredientes principais.

Sugestão de uso
Adultos: de 2 a 3 colheres (sobremesa) ao dia ou mais. Crianças acima de 6 anos: metade da dose. Diabéticos, mulheres grávidas e crianças abaixo de 2 anos devem consumir o xarope apenas sob orientação médica.

Xarope de abacaxi

Ingredientes
2 a 3 fatias de abacaxi
150 ml de água
2 a 3 colheres (sopa) de açúcar demerara ou cristal orgânico
350 ml de mel puro
20 a 100 gotas de própolis em solução glicólica

Preparo
Bater as fatias de abacaxi com açúcar e água no liquidificador. Colocar em uma panela, por em fogo baixo e deixar ferver até engrossar. Esperar esfriar e adicionar mel, e colocar de dez a cem gotas de própolis, de acordo com o que seu paladar suportar. O ideal é conservar na geladeira.

Sugestão de uso
Adultos: de 2 a 3 colheres de sobremesa ao dia ou mais. Crianças acima de 6 anos: metade da dose. Diabéticos, mulheres grávidas e crianças abaixo de 2 anos devem consumir o xarope apenas sob orientação médica.

Para emagrecer e desintoxicar

Suco com vinagre de maçã

Ingredientes
1 copo (americano) de água mineral ou água de coco
2 colheres (sopa) de vinagre de maçã
5 a 6 cm de batata yacon orgânica fatiada

Preparo e uso
Bater tudo no liquidificador e tomar em jejum 15 minutos antes do café da manhã. Pode-se adicionar também a esse suco um punhado de salsinha com talo, 1 folha média de couve e 3 folhas de azedinha ou de rúcula, e assim ficará mais rico em clorofila e menos ácido. Caso não tenha algum desses ingredientes, poderá usar agrião ou folhas de repolho.

Suco "limãocaxi"

Ingredientes
3/4 de copo (americano) de água mineral
1 fatia de abacaxi
Sumo de ½ limão
3 folhas de hortelã ou melissa (opcional)
1 folha de couve (opcional)

Preparo e uso
Bater tudo no liquidificador. Tomar um copo (americano) pela manhã.

Para combater a TPM

Suco clássico

Ingredientes
½ copo (americano) de água de coco
3 folhas de alface e/ou 1 folha de couve
½ maçã e/ou pera

1 banana pequena ou ½ banana grande
1 colher rasa (sobremesa) de aveia
1 colher (sobremesa) de linhaça em pó

Preparo e uso
Bater tudo no liquidificador. Caso falte um pouco de água, pode-se acrescentar mais água de coco. Tomar um copo grande todos os dias, pois auxilia na boa nutrição do organismo, na desintoxicação e no bom funcionamento do intestino.

Para combater a gastrite

Suco de couve

Ingredientes
200 ml de água de coco
1 folha grande de couve escura
1 maçã pequena ou ½ maçã grande
1 cenoura de aproximadamente 10 centímetros

Preparo e uso
Bater tudo no liquidificador e tomar imediatamente. Pode-se coar em peneira grossa. Tomar, pela manhã, 1 ou 2 copos (americanos) vagarosamente.

Para desintoxicar e proteger as células

Suco desintoxicante

Ingredientes
1 copo (americano) de água de coco
1 maçã pequena ou ½ maçã grande
1 cenoura de aproximadamente 10 centímetros
1 beterraba pequena
1 folha de couve
1 fatia pequena de repolho
1 punhado de salsinha com o talo

Preparo e uso
Bater tudo no liquidificador. Tomar imediatamente 1 ou 2 copos (americanos) e beber vagarosamente. O sabor é muito bom!

Suco natural de clorofila

Ingredientes
1 copo (americano) de água de coco
1 folha de couve
5 folhas de azedinha ou de rúcula
1 punhado de salsinha com o talo

Preparo e uso
Bater tudo no liquidificador e tomar bem devagar. A clorofila é uma excelente substância para desintoxicar e auxiliar na regeneração celular. Caso prefira, poderá utilizar outras plantas, como as folhas de brócolis, de repolho, e de agrião. Seja flexível e criativo e utilize o que for mais fácil.

Suco rico em clorofila

Ingredientes
4 ramos de salsinha
1 folha de couve
1 maçã
1 colher (sopa) de suco de limão
6 folhas de azedinha e/ou 2 ramos de alfafa
1 cenoura
½ xícara (chá) de água ou água de coco

Preparo
Lavar bem as verduras e os legumes. Bater tudo no liquidificador e coar em um coador não tão fino (para que passe um pouco de fibra). Tomar 1 ou 2 copos pequenos ao dia. Também é muito saudável passar tudo pela centrífuga e beber imediatamente.

Para regular o intestino

Geleia de ameixas pretas

Ingredientes
3 colheres (sopa) de açúcar cristal ou mascavo
250 ml de água
500 g a 750 g de ameixas pretas secas e sem caroço

Preparo
Colocar tudo na panela e deixar cozinhar em fogo bem baixo até ficar uma pasta grossa. Se for necessário, acrescentar um pouco mais de água no decorrer do cozimento. Quando alcançar o ponto, desligar o fogo, deixar esfriar e colocar em um vidro. Conservar na geladeira.

Receita caseira do vinagre de maçã

(do médico americano D.C. Jarvis)

Ingredientes
1,5 kg de maçãs vermelhas (qualquer variedade, de preferência orgânicas)
1 kg de açúcar mascavo (de preferência orgânico)
5 litros de água mineral (em uma variação desta receita, são usados no máximo 3 litros de água mineral, e o resultado é um produto mais concentrado, com um teor maior de açúcar, pois sua fermentação não é completa)

Preparo
Lavar bem as maçãs e, se quiser, deixar cerca de meia hora na solução de vinagre. Triturar no liquidificador junto com a água mineral, não desprezando as cascas, talos e sementes. Depois de trituradas, colocar o restante da água até completar 5 litros e adicionar o açúcar mascavo. Misturar bem com uma colher de plástico (não utilizar colher de metal e nem de madeira). Colocar em uma vasilha grande de plástico totalmente nova.

Processo de fermentação

Durante 20 dias, mexer a vasilha uma vez ao dia, todos os dias. Depois, durante dez dias, mexer em dias alternados (um dia sim, outro não). Depois, deixar durante dez dias em total repouso (não mexer). O processo todo leva em torno de 40 dias ou mais, e deve-se seguir exatamente como as instruções. Tampar a boca da vasilha com papel filme para que não entre nenhum tipo de inseto. O tempo de fermentação é variável, e há pessoas que preferem consumir o produto após um longo período de fermentação, às vezes até depois de alguns anos. Observação: não colocar o produto que irá fermentar em recipientes pequenos. O ideal é que ocupe no máximo a metade do recipiente, e que sempre se abra o vidro ou plástico da fermentação com muito cuidado para não ocorrer acidentes.

Preparo final

Depois da fermentação, coar em um pano nunca utilizado antes, desprezando a massa. Utilizar garrafas de água mineral de 500 ml para armazenar o vinagre. O rendimento é cerca de 5 a 6 garrafinhas. Conservar tampado na geladeira por até seis meses.

Capítulo 5

Limpando-se por dentro e por fora

Uma boa saúde física, como já dissemos, pressupõe um organismo limpo. Essa limpeza deve acontecer por dentro e por fora. As atitudes abaixo são importantes para essa limpeza e desintoxicação, para o bem-estar e a saúde.

Sono

Não existe nada que substitua uma boa noite de sono, nenhum remédio ou alimento. Alguns remédios ou alimentos podem até mascarar as consequências de uma noite mal dormida, mas nada na realidade a substitui. Quando você dorme mal, entre outras coisas, seu intestino funciona mal e você fica inchado, pois o sistema linfático não trabalha direito. Não é à toa que os boêmios dizem que seus pés incham. É no momento do sono que nosso organismo faz a maioria das atividades metabólicas de limpeza e organização do corpo. Há uma série de reações químicas importantes para a regularização do colesterol, para o bom funcionamento dos intestinos, dos rins, do sistema linfático, etc. Tudo isso nos dá condições de enfrentar o dia com bom humor, determinação, energia e boa disposição. Portanto, tenha horas suficientes de um sono tranquilo e repousante, e durma bem!

Respiração

É importante saber que respirar é a função vital mais importante que existe. Se você ficar mais de três minutos sem respirar, certamente haverá danos irreparáveis ao seu cérebro. Por isso, a cultura chinesa, a hindu, e todos os povos que trazem grande sabedoria de vida preconizam a enorme importância da respiração. Por exemplo, na yoga, a técnica da respiração é um dos fatores mais importantes.

Há algo que chama a atenção: se você observar os animais, ou uma pessoa idosa, você perceberá que eles também têm diferentes tipos de respiração. Isso pode até nos assustar em um primeiro instante, mas se você observar com calma, notará que estão alterando a maneira de respirar. Conseguem sair daquela maneira constante e pequena, em que pouco se expira. Na arte de respirar é muito importante soltar o ar. Todas as pessoas que respiram mal são pessoas que possuem uma respiração curta, ou seja, expiram pouco. Expelem mal o ar que está dentro dos pulmões. A respiração é importante não só para a nutrição do seu corpo, para a boa circulação sanguínea, como também para auxiliar na eliminação de toxinas.

Ao se levantar de manhã cedo, abra sua janela, fique em pé e segure um cinto ou toalha nas mãos. Ao levantar os braços, faça a inspiração, e ao abaixá-los, solte todo o ar. Faça isso de dez a 20 vezes.

Inspirar quando erguer os braços   Expirar quando descer os braços

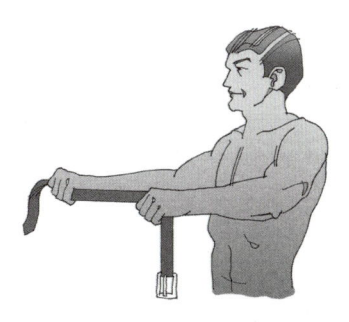

Logo cedo, você fará uma ótima oxigenação de todo o seu corpo. É importante fazer isso não apenas quando acordar, mas também ao longo do dia, alongando-se e respirando bem. Isso melhorará seu raciocínio, humor e disposição. Oxigenação é, sem dúvida, um dos fatores mais importantes para uma boa saúde física mental e emocional.

Beber água

A água é fundamental tanto para a hidratação quanto para a limpeza. O fato de você beber água de boa qualidade e na quantidade correta é de extrema importância. Uma pessoa de 70 kg deve beber de 2 a 3 litros de água mineral por dia. Água mineral de boa qualidade e sem cloro é a ideal. Se você quiser, pode beber algum tipo de chá ou chás medicinais, como já indicamos neste livro, ou seja, deve beber um pouco de chá por dia e o restante de água.

Sucos de frutas não podem ser considerados como água. É muito saudável a ingestão de sucos, de preferência orgânicos, porém, para que se faça uma boa limpeza dos rins, para evitar pedras renais, é importante beber água. O suco não a substitui. Para assegurar que você beba água diariamente, adquira o hábito de andar com uma garrafinha de 500 ml na bolsa, mochila, no automóvel e na mão. Vá bebendo o dia todo, para realizar a hidratação e a limpeza do seu organismo.

Lembre-se que mais de 70% do seu organismo é composto por água. Por isso, esperar ter sede para ingerir água pode não ser a melhor opção. Lembre-se também de que seu intestino necessita de água para funcionar. Assim, sem água, mesmo com uma dieta aparentemente equilibrada, seu intestino pode funcionar inadequadamente. Muitas pessoas que consomem água mineral de ótima qualidade, e na temperatura ambiente, têm seu trabalho intestinal regularizado. Note também que água gelada não é uma boa opção, pois o frio interno atrapalha a motilidade do aparelho digestório. Água morna e chá de ervas são boas opções para a ingestão correta de água.

Além disso, a correta ingestão de água é um preventivo contra a formação de cálculos renais. Quando ingerimos pouca água, a urina fica muito concentrada, facilitando a formação de pedras nos rins. Por isso, beba água aos poucos, várias vezes ao dia, de preferência a maior parte no período da manhã, mas em quantidade suficiente para realizar uma boa hidratação e limpeza geral no organismo.

Banhos

Assim como beber água, tomar banho é fundamental. É essencial que você tome um bom banho por dia. Não precisa ser demorado, mas precisa ser eficaz. O que você está fazendo quando toma um bom banho? Hidratando seu corpo? Sim! Mas, especialmente, está limpando seu corpo. É fundamental fazer uma boa higienização e limpeza.

Uma dica, para quem gosta de tomar banho quente ou morno é, ao final do banho, tomar uma ducha de água fria! Isso vai garantir que seus poros se fechem e, ao sair do banho, você não pegue uma friagem. Na medicina chinesa, isso é fundamental. Não se deve também tomar chuva e permanecer molhado. O problema não é a chuva, mas o frio. No corpo molhado, a friagem entra com facilidade. A pele é uma proteção para impedir que a friagem entre em nosso corpo. No momento em que a friagem se instala, ela causa danos impressionantes. Para a medicina chinesa, o frio é um mal perverso. Devemos respeitar os quatro mil anos de experiência e sabedoria do povo chinês.

Também não se deve tomar banho frio no inverno. Quebrar o gelo da água é importante. Se você não quer tomar banho quente, tome um banho morno para quebrar o gelo da água. Ao final do banho, deverá desligar a água quente ou morna e tomar uma rápida ducha fria, para fechar os poros do seu corpo. Banhe rapidamente especialmente a cabeça e as costas. Depois, é só se enxugar e se agasalhar bem.

Use sabonete de ervas (alecrim, sálvia, lavanda, camomila, macela, etc.). Não abuse do sabonete, pois assim estará preservando sua pele e os rios. Ao final do banho, jogue um chá de ervas previamente preparado e morno em seu corpo. Especialmente antes de dormir, a sensação é maravilhosa.

Escalda-pés

Lembra-se do famoso escalda-pés que nossos avós recomendavam e que hoje praticamente abandonamos? Pois ele é excelente e curativo. Especialmente quando chegar muito cansado em casa, faça 15 minutos de escalda-pés com água morna. Recomendamos que você coloque ou sal grosso ou sais com lavanda e outros tipos de óleos essenciais. Colocar na água morna chá previamente preparado com camomila ou outra erva também é excelente.

Vemos pessoas que pisam em solo frio ou pisam nos solos frios de suas casas e apartamentos e que começam a ter dores nas pernas, dores no nervo ciático ou dores reumáticas. Saiba que poderá resolver o problema fazendo diariamente por três, quatro ou cinco dias seguidos os escalda-pés. Além de relaxar e de ser saudável, você fará uma boa higienização nos pés.

Bochecho matinal

Realizar um bom bochecho logo ao se levantar é uma prática muito saudável. Como regra geral, deve-se bochechar entre 5 a 10 minutos. Isso contribui muito para a limpeza bucal, para o alongamento dos músculos da face, para a retirada de toxinas que ficaram acumuladas no organismo e que devem ser colocadas para fora pela via oral, além de contribuir para um hálito muito agradável.

Após o bochecho, devemos cuspir e fazer a higienização da boca conforme o costume de cada pessoa. Jamais engula o líquido após a realização dessa prática, pois estará com substâncias que seu organismo deve eliminar. Junto a essas substâncias, há bactérias que seu organismo deve eliminar. Segundo as maiores autoridades em saúde bucal da atualidade, o bochecho matinal é uma das mais importantes práticas para a manutenção saudável de todo o nosso organismo. Na prática, o bochecho pode ser realizado com os seguintes produtos:

- Vinho branco ou tinto: o vinho tem a qualidade de dar um enorme frescor na boca, além de seu sabor ser muito agradável ao paladar. O vinho tinto tem o inconveniente de manchar os dentes com a coloração roxa, para quem quer manter os dentes bem brancos.
- Chá de camomila, erva-doce, cidreira ou outro chá de sua preferência: tem dado resultados excelentes para seus adeptos, pois realizam uma boa retirada das toxinas.
- Chá verde: é um dos nossos preferidos, embora também possa manchar os dentes com coloração amarelo-esverdeada.
- Solução bucal sem álcool: também traz bons resultados, apesar de ser uma opção de química mais elaborada, ou seja, menos natural.
- Azeite extra virgem de girassol, oliva ou linhaça: é uma opção muito adotada por europeus naturalistas, especialmente os alemães. Para eles, são as soluções de bochecho mais eficazes na retirada das toxinas.
- Água mineral com azeite de copaíba: coloca-se duas ou três gotas de azeite de copaíba de boa qualidade em meio copo com água mineral e realiza-se o bochecho. É também uma excelente opção.

Banho de sol

É importante tomar banho de sol com moderação. Ficar horas e horas embaixo do sol traz consequências terríveis, é um perigo para a saúde, e pode causar muitos danos. Ficar totalmente exposto ao sol é desaconselhável. O que é, então, aconselhável?

Ficar um pouco ao sol, sair na rua para dar uma caminhada rápida de cinco a dez minutos, com a consciência de que é necessário proteger a cabeça e a pele. Nós, que moramos em um país tropical, podemos aproveitar o efeito benéfico do sol tomando um mínimo necessário, de preferência de manhã bem cedo, ou, se não for possível, não se deve tomar o sol do meio-dia. Tome o sol do fim da tarde, veja o pôr do sol, ande e oxigene seu corpo.

Aproveite com moderação. A intensidade do sol é medida hoje em índice ultravioleta (IUV). Quanto maior o índice, maior o risco à sua pele. Existem vários sites na internet que dão dicas da previsão do tempo, e todos esses sites dão também o índice ultravioleta (IUV) para que você possa se proteger. Cuidado: um dia ensolarado pode causar menos dano que um dia de nuvens – mormaço - que pode causar fortes queimaduras em sua pele. O uso de protetor e do bloqueador solar é sem dúvida muito importante. Todos sabem da importância de proteger a pele e a cabeça contra a incidência dos raios solares. Não é preciso dizer que quanto mais branca for a pele, maior deve ser o cuidado.

O gel da babosa (*Aloe vera*) é um poderoso protetor e regenerador da pele queimada, seja pelo sol, seja por queimaduras com fogo, líquidos quentes, etc. Corte a folha da babosa, retire os espinhos e a casca, e passe o gel no local danificado. A regeneração é extremamente veloz. Experimente!

Capítulo 6

Atividade física

Em termos de saúde física, é fundamental falar de atividade física. Praticar atividades físicas com equilíbrio e moderação, e depois tomar um belo banho e deitar para descansar é maravilhoso! A gente nem sente mais o corpo, tão cheio de endorfinas e de outras substâncias químicas que nos causam bem-estar ele fica. Recomendamos que você faça os exercícios que mais o agradam, e dentro de seus limites, ou então exercícios leves de yoga, exercícios leves de musculação, exercícios leves como caminhadas, e outros.

A atividade física é importante, mas é preciso que seja, como tudo, moderada. Há até pessoas portadoras de fibromialgia ou síndrome fibromiálgica que têm a doença provocada em especial pelo excesso de atividades físicas. Há pessoas que ficam viciadas em endorfina e adrenalina, substâncias que são produzidas no corpo quando praticam esportes e que dão uma sensação agradável. E quando não conseguem fazer esportes ou atividades físicas, ficam com "síndrome de abstinência", sentindo-se ansiosas, nervosas, etc. Esporte em excesso não é saúde, é sinônimo de lesão. Se você quer ficar eternamente no fisioterapeuta, ou necessitando de anti-inflamatórios, fitoterápicos e outros medicamentos que possam aliviar suas dores ou seus problemas advindos do excesso de esporte, pratique em excesso.

Sobre a alimentação de quem faz atividade física, é preciso também moderação. É impressionante como muitos atletas consomem uma quantidade absurda de alimentos repletos de substâncias químicas na ilusão de que eles estão se nutrindo bem de proteínas, vitaminas, minerais e energia. Mas mal sabem que estão consumindo uma quantidade absurda de substâncias artificiais, que mais cedo ou mais tarde irão causar graves lesões em seu organismo. Gastrite é apenas um exemplo disso.

A sugestão é que se faça alguns exercícios leves pela manhã, ou, se você ainda é uma pessoa que quer treinar um pouco mais puxado, prefira a parte da tarde, quando seu organismo já está bem aquecido, já trabalhou e se movimentou. Esse é um assunto discutível, pois muitos profissionais dizem que o importante é aquecer bem antes da atividade, mesmo de manhã cedo, sem problema algum. Isso varia de pessoa para pessoa, e deixamos ao seu critério. Mas o importante é que, pelo menos quatro a cinco vezes por semana, você faça alguma atividade física que poderá ser muito agradável, como um bom alongamento. Sempre lembrando que, se você puder, procure um profissional de saúde, como um educador físico, um fisioterapeuta, um *personal trainer,* ou seja, uma pessoa para orientá-lo durante os exercícios.

Existem inúmeras atividades físicas e esportes que podem ser feitos. Certamente, há um tipo ideal para sua idade, preparo físico, disposição e preferência particular. A seguir, recomendamos algumas práticas físicas muito benéficas para a saúde.

Alongamento

Existem alguns exercícios de alongamento que são muito úteis e que deveriam ser realizados diariamente, ao menos durante dez minutos pela manhã e por dez minutos ao anoitecer, ou antes de se deitar. É prazeroso e muito saudável. Seus músculos e suas articulações agradecerão imensamente. Poderão ser realizados em casa, no trabalho, na piscina, ou onde vocês desejarem.

Sempre faça movimentos lentos e suaves. Permaneça no alongamento pelo período de 30 a 60 segundos. Faça com calma e bem relaxadamente. No total, você investirá apenas cinco ou dez minutos na realização desses exercícios. Caso sinta necessidade, procure o auxílio de um orientador físico ou fisioterapeuta para orientá-lo pessoalmente nesses exercícios. São simples de ser executados e trazem enorme bem-estar. Veja a sequência e as ilustrações:

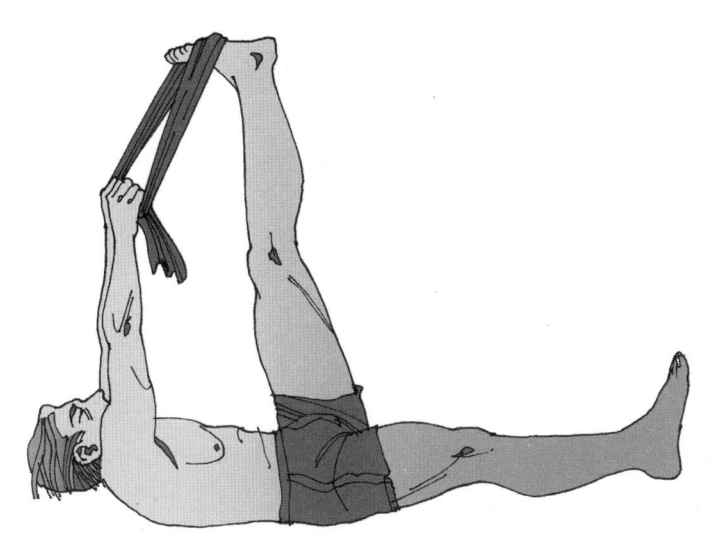

Deitado, com um cinto ou com uma toalha de banho enrolada, ou uma faixa de judô nas mãos, alongar uma perna de cada vez. A ponta dos pés deverão estar voltadas para o corpo.

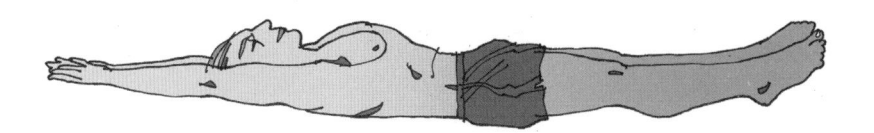

Deitado, esticar o corpo como se fosse tocar algo com os dedos das mãos e dos pés.

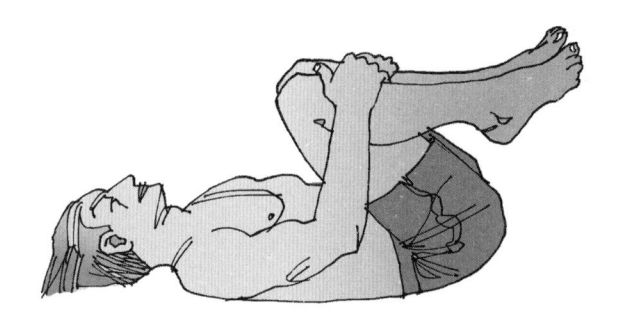

Deitado, dobrar as pernas sobre o tronco e abraçar os joelhos.

Deitado, dobrar o tronco e procurar segurar a planta dos pés. A ponta dos pés deverá estar voltada para o corpo.

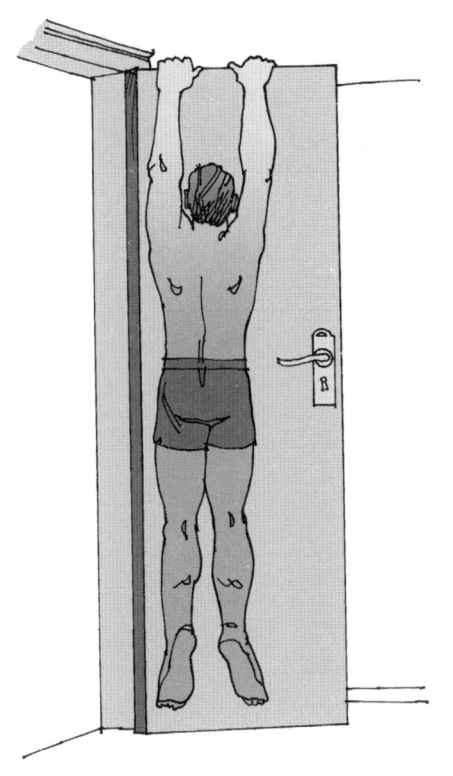

Pendurar-se na porta de casa. Atenção: verifique antes se sua porta é resistente o suficiente para o seu peso, fato que normalmente é verdadeiro. Abra a porta até o final, segure sempre na parte da porta próxima da dobradiça, fique pendurado por dez ou mais segundos.

Fique em pé, abra as pernas na largura de seus ombros, dobre o tronco para a frente procurando tocar o solo e depois os pés.

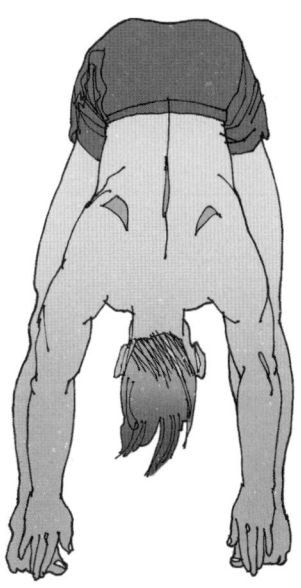

Fique ajoelhado, leve as mãos para a frente e o tronco ereto para trás. Faça bem devagar e fique apenas dez segundos, repetindo o exercício de três a cinco vezes.

Fique em pé e segure o pé esquerdo com a mão esquerda, o calcanhar estará próximo ou encostado à nádega. Repita o movimento com o lado direito.

Caminhada

A caminhada é uma das atividades mais fáceis de serem realizadas, em geral não há contraindicações, sendo acessível a todos. Essa atividade, além de poder ser feita em qualquer lugar, permite que você controle a intensidade, velocidade, percurso e duração do exercício. Caminhar pelo bairro, nas ruas, no campo ou até em esteiras de academias é válido. Estudos realizados em centros de pesquisas pelo mundo mostram que essa que é a mais simples de todas as atividades físicas é muito benéfica e uma forma surpreendentemente eficaz de emagrecer e tonificar o corpo.

A caminhada pode ser rápida ou lenta, suave ou forçada, no plano reto ou em aclives e declives. Caminhar, principalmente para quem está iniciando um programa de atividades, é ideal para trabalhar a função cardiovascular, e melhorar o condicionamento físico. Ajuda a perder peso, fortalecer os músculos das pernas e das nádegas, a reduzir a pressão arterial, os níveis de colesterol no sangue, o risco de doenças cardíacas, de osteoporose, diabetes, estresse, entre outros.

É importante monitorar a frequência cardíaca para que se possa compreender melhor como o corpo responde às diferentes intensidades de exercícios e assim, realizar uma atividade segura e eficiente, trabalhando em geral com 60% a 75% da frequência cardíaca máxima (obtida subtraindo 220 da sua idade).

Alguns cuidados devem ser observados: usar um tênis apropriado para caminhada, para que ele absorva bem o impacto com o solo; manter as costas e o abdômem firmes e contraídos; manter os ombros em linha reta e não deixar o corpo girar na cintura, evitando o vai e vem dos quadris; fazer alongamento antes e depois das caminhadas e hidratar-se bem, bebendo água antes, durante e depois do exercício.

Iniciantes podem seguir um trabalho de adaptação. Na primeira semana, ande durante 30 minutos, três vezes por semana. Na segunda semana, aumente para 40 minutos, três vezes por semana. Na terceira semana, você já pode andar quatro vezes por semana durante 45 minutos. E da quarta semana em diante, comece com 50 minutos cinco vezes por semana, e regule o tempo, intensidade e percurso progressivamente. Andar é fácil, gostoso, barato e faz bem. Aproveite!

Exercícios abdominais

Os exercícios abdominais deverão ser feitos de duas a, no máximo, três vezes por semana, e com três repetições de dez a 20 vezes, e intervalos entre as repetições de um minuto. Escolha dois dos exercícios a seguir. A repetição exagerada poderá causar problemas digestivos, principalmente refluxo, pela pressão muscular abdominal. Por isso, faça esses exercícios com moderação, pois são excelentes para manter a barriga esbelta, estimular o bom funcionamento digestivo, e especialmente para manter o bom funcionamento intestinal. Procure realizá-los sobre uma superfície medianamente macia, como um carpete, tapete pequeno, colchonete, etc. Evite movimentos bruscos e faça sempre movimentos suaves. Veja as ilustrações a seguir:

Deitado, elevar o tronco até encostar as mãos nos pés.

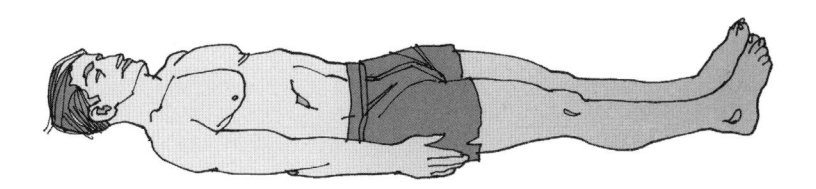

Deitado com as mãos ao longo do corpo, elevar as pernas para o alto. Atenção para não elevar muito.

Deitado, com os joelhos flexionados, elevar o corpo até encostar as mãos nos joelhos.

Outras atividades

Como dissemos, existem inúmeras outras atividades físicas, apropriadas para seu tipo físico, idade, disponibilidade, preparo físico, etc. Cada um deve escolher o que dá mais prazer, pois algo feito assim certamente terá continuidade e será gratificante. Corrida, natação, ciclismo, trekking, canoagem, escaladas, dança, ginástica, tênis, arco-e-flecha, artes marciais, musculação, ioga, vôlei, basquete, futebol, atletismo, arvorismo, ginástica olímpica, hidroginástica... As opções são inúmeras. Mexa-se!

Experiência do autor

Zen surfe

Iniciei esse esporte maravilhoso quando tinha aproximadamente 14 anos de idade, na cidade de Guarujá, em São Paulo. Meus parentes fizeram de tudo para me desencorajar, alegando ser um esporte muito perigoso, para pessoas desocupadas, etc. Ocorre que a minha vontade e insistência me deram a vitória. Minha avó Haydée e minha tia Vera Maria foram pessoas que me incentivaram muito. Sempre iam me ver surfar, muitas vezes em praias distantes. Isso marcou positivamente minha vida, e tenho muita gratidão por elas.

Fui um dos pioneiros a surfar na praia da Enseada, em 1975, e os primeiros surfistas que conheci em minha vida foram Carlos Motta e Alfredo Pimenta. Recordo-me como se fosse neste exato momento, década de 1960, por volta de 1968, eles passando na frente do portão da casa dos meus avós, ao lado do Delphin Hotel, com uma tábua (prancha) embaixo do braço. No primeiro dia em que vi isso, fiquei com enorme curiosidade para saber o que eles fariam com aquela tábua. Fiquei maravilhado quando os vi ficar em pé na tábua, sendo impulsionados pela força das ondas. Não cansávamos de vê-los cavalgando pelas ondas da praia da Enseada, e creio que eles foram os primeiros surfistas dessa praia.

Recentemente, estive com o Carlos Motta em seu ateliê, em São Paulo, capital, e fiquei muito feliz em saber que permanece em plena forma. Seu filho, Gregório Motta, é um dos grandes *shapers* do Brasil, com uma excelente fábrica de pranchas no bairro da Vila Madalena. Somente na década de 1970, eu, o surfista e artesão Cláudio Maran, nosso outro companheiro de ondas apelidado de Tarzãzinho, e alguns poucos mais é que nos empenhávamos em enfrentar a arrebentação distante e muito forte desse lugar.

Surfei por dez anos, depois parei por 20, nem sei por quê. Meu estimado amigo Rogério Manrubia Biral, morador e preservador das praias de São Pedro e Tijucupava, no Guarujá, é que me incentivou à retornar a prática desse maravilhoso esporte. Insistiu por muitos dias, emprestou-me uma prancha, e então fomos juntos em um dia muito frio e encoberto. Nem acreditei quando peguei a primeira onda e já saí surfando, quase como nos velhos tempos. Até ele duvidou que fazia tanto tempo que eu não praticava. O fato é que surfar é como andar de bicicleta: jamais esquecemos.

Ao retornar depois desse longo período de recesso, cheguei a conclusões importantes. O surfe pode ser usado de várias maneiras, como meio de vida, como oportunidade de fazer grandes amigos, como uma simples alegria de competição, como fuga do mundo, mas, creio ser o que chamo de zen surfe, o mais completo esporte que conheço. O zen surfe nada mais é que o esporte praticado pela beleza, saúde, amor à natureza, limpeza mental e emocional. É uma excelente oportunidade para se meditar e orar. Muitas palavras positivas podem estar contidas no zen surfe: amor, alegria, amizade, auto-estima, bem-estar, coração puro, confiança, coragem, consciência ambiental, cultura, determinação, dedicação, equilíbrio, força, fé, gratidão, humildade, harmonia, lazer, liberdade, limpeza mental e emocional, paz, perseverança, persistência, preservação da vida, reverência a Deus, respeito à natureza, saúde, sonhos bons, união, e muitas outras. Nosso estimado amigo Rogério Biral ainda acrescentaria como mensagem positiva ao zen surfe "o absoluto contato com a natureza em movimento".

Possivelmente, a descarga de endorfina, dopamina, cortisol e de outros hormônios é tão grande que a pessoa sai de uma sessão de zen surfe como se estivesse nos braços de Deus, olhando serenamente para ele que está a nos dizer: "*Filho, quero que saiba que Eu te amo!*". É claro que é importante o preparo físico com natação, remo, remo seco, musculação e alongamentos para a segurança no esporte. Para quem nunca praticou, as escolas de surfe são hoje bem preparadas para ensinar com segurança. Como exemplo, destaco a escola do também estimado amigo Jojó de Olivença, na praia da Enseada, no Guarujá, que possui excelente equipamento, professores qualificados, ensino moral e cívico e consciência ambiental. Eles fazem parte dos maravilhosos Surfistas de Cristo, entidade com membros no mundo todo.

Para quem quer praticar surfe, dou algumas dicas: para os iniciantes, uma boa escola é fundamental. Procure ondas do tamanho adequado, que lhe tragam segurança e conforto. Jamais desafie a força do mar. Entre sempre com um amigo no mar, evitando surfar sozinho. Cuidado nos dias de chuva com raios; evite dias com tempestades. Procure sempre praias seguras e que não tenham histórico de ataques de tubarões. Faça sempre alongamento e aquecimento antes de entrar na água, faça alongamento e se agasalhe muito bem ao sair da água. Procure sempre ter uma alimentação equilibrada, com alimentos saudáveis e quentes, para nutrir e aquecer seu corpo. Use sempre protetor solar, fator mínimo 30, para proteção dos efeitos do sol. Use todos os equipamentos de segurança, especialmente o *lash* ou cordinha, para sua maior tranquilidade. Use roupa de proteção contra o vento e o mar frio; existem as roupas de lycra, as de neoprene, e, sobretudo, as com *stretch*, que dá mais mobilidade; essas roupas são muito importantes para proteger nosso corpo contra o frio e a umidade.

Saiba que uma boa prancha também é fundamental. Pessoalmente, adoro as pranchas do Rico (Rio de Janeiro) e do Thyola (Guarujá). Existem também pranchas de um material mais flexível, que não machucam em batidas no nosso corpo e que podem ser uma opção para quem tem muito receio de se machucar em uma possível contusão. Agradeça sempre a Deus pela oportunidade da vida e por tudo de bom que ele nos dá! Aproveite e desfrute desse maravilhoso esporte e seja cada vez mais feliz, feliz e feliz.

José Estefno Bassit

Capítulo 7

Relaxe o corpo

Neste capítulo, sugerimos algumas práticas úteis e acessíveis, que servem para relaxar o corpo. Há diversas outras, mas destacamos as que estão a seguir.

Massagens

São infindáveis as técnicas manuais que existem, e que no Brasil chamamos genericamente de massagens. As massagens podem nos trazer enorme bem-estar físico e emocional, um verdadeiro relaxamento contra o estresse e as tensões do dia a dia. As massagens podem ser aplicadas em partes do corpo ou em todo o corpo, e são usadas para curar traumas físicos, aliviar estresse psicológico e físico, controlar a dor, melhorar a circulação e aliviar as tensões. Quando a massagem é utilizada para benefícios físicos e mentais, ela pode ser chamada de terapia de massagem ou massoterapia. No Brasil, as técnicas mais difundidas de massagem são, em geral, as seguintes:

- **Shiatsu:** uma técnica japonesa que pode ter uma enorme gama de variações (shiatsu forte, suave, sereno, etc.). Dependendo do caso, é melhor um ou outro tipo.
- **Watsu:** é um shiatsu feito na água, com grande efeito terapêutico, por causa do relaxamento proporcionado pela água
- **Massagem ayurvédica:** tem origem na Índia e hoje possui adeptos no mundo inteiro.

Massagem sueca: muito aplicada em atletas, especialmente jogadores de futebol, proporciona relaxamento e desintoxicação dos músculos pelo ácido lático liberado em contusões ou contraturas

Reflexologia podal: é uma técnica espetacular, tanto empregada preventiva quanto curativamente, com variações e diversas escolas espalhadas em todo o mundo (europeia, japonesa, chinesa e brasileira).

Drenagem linfática

Poucas técnicas corporais trazem tantos benefícios quanto a drenagem linfática. A drenagem linfática é extremamente benéfica, especialmente para quem ingere bebidas alcoólicas, pois o organismo precisa fazer um trabalho monstruoso para eliminar o álcool que fica acumulado no organismo, e é sabido que o álcool retém muito líquido. Há pessoas com dores nas costas que, após a drenagem linfática, sentem enorme alívio.

Uma drenagem linfática bem feita é um ótimo auxiliar para que a pessoa mantenha uma boa saúde, com qualidade de vida. Ajuda no emagrecimento, na eliminação de toxinas, auxilia as pessoas com excesso de bebida alcoólica, as que sofrem de fibromialgia (uma massagem leve), melhora a circulação, o sistema linfático e ajuda na desintoxicação do organismo.

Há diversas outras técnicas que podemos chamar de técnicas corporais, como shiatsu, *an-ma,* massagem esportiva, etc. São técnicas excepcionais, que auxiliam as pessoas a manterem uma boa saúde.

Técnica de pisar na bolinha

Durante cinco a dez minutos, em cima de um tapete ou de um carpete, pise em bolinhas. O ideal são bolinhas de golfe, pois possuem mais resistência. Você deve ficar em pé, em cima das bolinhas, fazendo-as deslizarem pelas solas dos seus pés. Uma em cada pé. Enquanto realiza essa massagem nos seus pés, faça o uso da respiração profunda, inspirando pelas narinas e soltando o ar vagarosamente pela boca. Essa é uma verdadeira mini-reflexologia podal. Auxiliará a harmonização de todo o seu organismo, além de alongar os músculos dos pés. Você se sentirá muito disposto, relaxado e feliz.

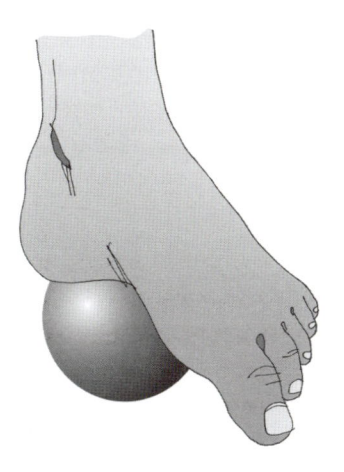

Escovação corporal

O ato de amorosamente escovar todo o nosso corpo é muito saudável. Pode-se usar uma escova de roupas, de cabelo, com cerdas curtas ou longas, ou até uma bucha de fibras naturais na hora do banho. Saiba que escovar o corpo estimula a circulação sanguínea e a circulação de energia. Na visão da medicina tradicional chinesa, ao escovar o corpo estimulamos a circulação de energia nos 14 meridianos energéticos principais. Em especial, sente-se uma diferença enorme na boa digestão, na boa função pulmonar e no bom funcionamento do intestino. É uma das mais fáceis e benéficas atitudes que existem.

Faça uma suave ou mais forte escovação pela manhã e outra à noite. Apenas duas a três passadas com a escova em cada parte do corpo, ou mais, se quiser. Pode-se iniciar pelo tórax, passando pela barriga e deslizando em direção aos pés. Depois, pelos braços, começando pelos ombros e deslizando na direção dos dedos. Por último, as pernas, com início na coxa, e deslizando em direção aos dedos dos pés. Como regra geral, partimos do coração para as extremidades das mãos e dos pés.

No banho, pode-se passar uma bucha ou esponja com sabão ao redor do umbigo, em movimento circular, no sentido horário, dando 21 voltas. Isto estimula todos os órgãos internos, inclusive o fígado, a vesícula e os intestinos. Se for possível, peça para alguém esfregar suas costas e a parte posterior das pernas, iniciando nos ombros e deslizando em direção ao calcanhar. O bem-estar que se sente é enorme. Como cuidado especial, não use a escova sobre partes machucadas ou com problemas graves de saúde. Respeite seu corpo e sua pele, e use uma pressão confortável e adequada a você.

… Parte **2**

Emoções, mente e espiritualidade saudáveis

Nós, como um todo, não necessitamos apenas de saúde física. É necessário ter saúde emocional, mental e espiritual. Todas as saúdes estão relacionadas, e qualquer alteração em uma delas altera as demais.

A saúde emocional é uma das saúdes que mais sofrem agressões diariamente. Praticamente, muito pouca atenção e cuidado são dados a essa saúde. Para que você tenha uma boa saúde emocional é necessário que você tenha emoções boas, harmonização e equilíbrio emocional, ou seja, você deve fazer uma nutrição diária de sua saúde emocional, bem como uma boa limpeza: nutrir-se de emoções positivas e limpar-se das emoções negativas.

A saúde emocional sofre muita influência da saúde física e da saúde mental. Por exemplo: uma pessoa que é constipada, que vai com dificuldade ao banheiro evacuar diariamente, tende a ficar "enfezada" e com grande instabilidade emocional. É muito comum você ver pessoas irritadas e que possuem problemas sérios de intestino. Pessoas que estimulam excessivamente suas mentes, assistindo à televisão, que utilizam jogos de videogame, passam muitas horas na internet, também tendem a ficar com instabilidade emocional.

De forma resumida, e no contexto deste livro, saúde mental é o pleno e bom funcionamento de todo o seu cérebro, mantendo pensamentos positivos, otimistas, felizes e alegres, pensamentos que possam fazer com que você desempenhe suas funções diárias de maneira benéfica, saudável, harmonizada e eficaz.

Quando a sua mente trabalha de forma eficaz, mantém bons pensamentos, possui uma atividade diária regular, permite que possa ter um dia de trabalho proveitoso e um sono tranquilo e reparador. Então, seguramente, sua saúde mental estará em plenitude.

Capítulo 8

Técnicas de serenidade

Períodos de oração individual ou em grupo, músicas suaves, meditações e exercícios são algumas das técnicas que nos trazem serenidade e extrema saúde emocional.

Yoga e Tai Chi Chuan

Exercícios como yoga e Tai Chi Chuan são exemplos de exercícios harmoniosos que trabalham simultaneamente a serenidade corporal, mental e emocional.

Música

As músicas também são ferramentas poderosas. Preste atenção às músicas que você escuta, procure saber o conteúdo da música. Se for uma música cantada, a letra está relacionada ao quê? Prefira músicas edificantes e otimistas, e não ouça música que entristeçam, pois você estará trabalhando no sentido inverso e, em vez de limpar a sua saúde emocional, você a estará sujando. A música deve trazer bem-estar e alegria interior. Ouça sons agradáveis. Perceba que a natureza é silenciosa. O ritmo e os sons da natureza são muito diferentes da vida estressante que temos hoje em dia. O animal mais barulhento do planeta é o homem; portanto, procure relaxar diminuindo esse ritmo e ouvindo sons agradáveis ou até ficando em silêncio.

Dança

A dança também é uma boa técnica que pode trazer serenidade e harmonia. Hoje em dia, existem cursos de danças sagradas. É uma verdadeira renovação; você canta e dança músicas edificantes.

Risoterapia

É uma técnica importante. Rir é o melhor remédio. Vá assistir a uma comédia no cinema ou no teatro. Rir provoca uma série de reações hormonais químicas que trazem bem-estar. Tome como exemplo os "Doutores da Alegria". Saiba que as chances de cura com a prática do riso são maiores, pois até o sistema imunológico fica fortalecido com essa prática. Sorria, sorria muito para você mesmo. Sorria para as pessoas que estão à sua volta. Sorria para Deus e seja feliz!

Florais

Os florais são preparados feitos à base de flores (silvestres ou orgânicas) e água mineral. São deixados ao sol por algumas horas, depois são filtrados e misturados com alguma substância alcoólica, como o brand ou o álcool de cereais orgânicos que serve de conservante. Esse preparado transmite uma determinada vibração, pois é uma terapia vibracional. Age especialmente no corpo emocional, auxiliando na eliminação de raiva, medo, insegurança, inveja, ciúmes, culpa, tristeza dentre outras emoções. Cada planta tem uma ou mais funções na atuação em nosso corpo físico e principalmente no emocional. Há resultados incríveis com o uso de florais, especialmente com o uso de Florais de Bach, Florais da Califórnia e os Florais de Minas Gerais. Hoje em dia é muito fácil encontrar florais. Normalmente, farmácias de manipulação estão preparadas para oferecer o produto. Você pode procurar um terapeuta floral, para que ele o auxilie a encontrar as essências que você está precisando em determinado momento. Nas farmácias, há um resumo de cada essência floral, e você poderá pessoalmente escolher a melhor composição para o momento. Como regra geral, não se coloca mais que seis essências em um mesmo floral. Tenha em mente que quanto menos essências você misturar, mais forte será a ação daquele floral para auxiliar no processamento das emoções que você está vivenciando naquele momento.

Acalme sua mente antes de dormir

É muito importante acalmar a mente antes de dormir. Por exemplo: se você assistir a um filme violento na televisão, se você teve uma discussão naquele momento antes de dormir, se você está agitado ou mexendo no computador... tudo isso acelera sua mente e causa uma alteração muito forte nas suas emoções. Se você dormir com essas energias, não acordará, em hipótese alguma, bem. É muito importante que você tenha a consciência de acalmar a mente e harmonizar suas emoções antes de dormir. Uma técnica é ler frases positivas antes de dormir ou então fazer orações (veja adiante). Assim, você acalmará sua mente e a encherá de boas energias para dormir e acordar bem.

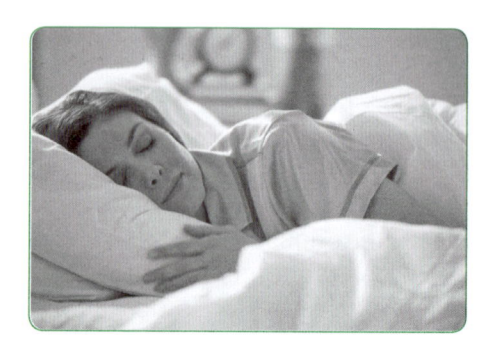

Controle a energia da raiva

Para muitos estudiosos, a energia da raiva é a energia mais forte que existe. Pode-se usá-la tanto para destruir quanto para construir. Essa é uma decisão que cabe a você, mas é importante que saiba que se você estiver com muita raiva de uma pessoa, você pode pegar o telefone e dizer uma porção de besteiras para ela. Nesse caso, você estará alimentando mais raiva e gerando mais violência. Ou você pode pegar essa raiva, trabalhar procurando entender o contexto da situação, o lado dessa outra pessoa, e transformar essa sua raiva em uma grande ação positiva. A terapia floral, a psicoterapia, as orações, e outras técnicas podem ajudar na superação e na ponderação dessa raiva, transformando-a em algo altamente benéfico e positivo. Se você fizer assim, com certeza os resultados serão melhores. É como aquele jogador que estava indo para o gol quando o adversário o derrubou. Ele pode ficar estatelado no chão, sentir muita raiva, ou ele pode imediatamente levantar-se, pegar a bola e tentar de novo, transformando a raiva em vontade de vencer, e pode acabar marcando um lindo gol. Isso dará a ele muito mais valor, alegria e contentamento interior. Ele pode agir de forma negativa, e até agredir o outro jogador... ou superar-se. Pode pegar essa situação e transformá-la em força para uma ação positiva!

Alimentos que acalmam

Consuma alimentos que nos deixam mais serenos. Alguns deles são suco de noni, chá de camomila, chá de lípia americana, chá de melissa, chá de erva-cidreira, suco de maracujá, chá da folha de maracujá (passiflora), etc.

Exercícios físicos

Como já foi exposto anteriormente, exercite-se! O exercício físico possui ligação direta com a saúde emocional e é uma boa ferramenta para conseguir serenidade. Procure fazer caminhadas em uma mata, em uma trilha, em contato com a natureza. Ioga, Tai Chi Chuan e outros ajudam na paciência e na perseverança.

Contemplação

Contemple o mundo ao seu redor. Faça como o leão, que fica na mata observando a natureza, contemplando as maravilhas que Deus criou, pegue um momento do dia para fazer o mesmo. Olhe o céu, a natureza, os animais, o mar. Isso lhe trará uma paz muito grande.

Terapia

É um fator importante para que você tenha uma boa saúde emocional. Fazer terapia com um profissional responsável, psicoterapeuta, psicanalista, e que seja um profissional devidamente experiente e preparado, é de extrema valia. Muitas pessoas resistem, alegando que terapia é uma coisa só para "quem está maluco" ou com muitos problemas. O que de fato ocorre é que essas pessoas não querem olhar para dentro delas mesmas. Não querem realizar uma faxina e um trabalho interior.

Uma das coisas mais valiosas de se lembrar é que na vida temos nosso lado luz e também o nosso lado sombra. Ninguém é 100% luz e ninguém é 100% sombra. Em outras palavras, ninguém é 100% bom, e ninguém é 100% ruim. Temos de descobrir e aceitar, aprender a trabalhar nossas falhas, ou seja, nosso lado "sombra". Na terapia, esse é um processo difícil, doído, mas necessário. Você descobrirá, e depois de descobrir terá de aceitar, e depois de aceitar você precisará compreender, e depois de tudo isso, precisará trabalhar suas falhas, o chamado lado sombra, em busca de um autoaperfeiçoamento. Com isso, melhoramos e evoluímos em nossa escalada, que todos, consciente ou inconscientemente, trilhamos como seres humanos, para que um dia nos tornemos seres divinos. A terapia, no fundo, é uma excelente oportunidade de limpeza e nutrição emocional.

Capítulo 9

Controle seus pensamentos

É importante que você tenha controle pleno sobre seus pensamentos. Esteja alerta e atento ao que você está pensando. Toda vez que aparecer um pensamento "menos bom" ou mais triste, ou que traga algum tipo de sentimento ruim, faça tranquilamente a mudança desse pensamento ruim para um pensamento bom. Existem cinco palavras-chaves que são fundamentais para uma boa nutrição mental: paz, saúde, proteção, prosperidade e sabedoria.

Selecione o que você lê, vê e escuta

Esteja alerta com os meios de comunicação (rádio, televisão, jornal, internet, revistas, etc.), pois eles podem ter uma influência muito grande sobre você. Se você escutar programas que tragam muitas mensagens negativas, é óbvio que você ficará cada vez mais contaminado por essas mensagens. Ficará negativo, triste ou deprimido, sem saber conscientemente por quê. Saiba selecionar o que você assiste, ouve e lê para que você não faça uma programação mental baseada em coisas negativas, pois dessa forma você acabará ficando deprimido e comandado por esses pensamentos negativos. Suas ações serão apenas reflexos do comando de sua mente. Lembre-se de que sua mente é como um computador: o que você armazenar dentro dela será executado fielmente. Armazene coisas boas para executar coisas boas!!!

Programe-se positivamente

Existem várias técnicas para que possa programar positivamente a sua mente – o seu grande computador. Veja a seguir algumas das mais consagradas maneiras de jogar mensagens e imagens positivas dentro do seu maravilho computador mental.

Método Silva de programação mental

Tivemos a oportunidade de conhecer o Método Silva de programação mental. Um norte-americano chamado senhor José Silva, que trabalhava com rádio e comunicação, foi o organizador dessa técnica. O senhor Silva acreditava que nossa mente tem uma forma de comunicação sutil, como ondas de rádio, e que é possível programá-la positivamente. É possível realizar a comunicação sutil com outras pessoas, animais, plantas. Ele ensinava também que nossa mente pode modificar positivamente as circunstâncias à nossa volta.

Essa programação ocorre sempre em um estado mental chamado de "estado alfa", que é um estado entre a consciência plena – as atividades que exercemos acordados durante o dia – e o estado de sono – que atingimos quando estamos dormindo. Esse estado intermediário é um estado de vigília, ao qual se denomina "estado alfa". Quando se consegue levar sua mente para esse "estado alfa", visualizando coisas positivas, escrevendo mentalmente coisas positivas, vendo felizes as pessoas a que você quer bem, ou fazendo as pazes com alguém, você poderá verificar a ocorrência concreta, na vida real, dessa programação mental. Como exemplo, imagine-se dialogando com uma pessoa que o magooou. Veja mentalmente a reconciliação ocorrendo, diga mentalmente que você a ama e que já a perdoou, e à medida que você vai exercendo isso uma ou mais vezes ao dia, todos os dias, com certeza em breve os resultados positivos aparecem. É surpreendente. É, de fato, uma reprogramação mental positiva para que coisas muito boas ocorram em sua vida.

Programação neurolinguística

A programação neurolinguística é um processo educacional no qual aprendemos uma maneira muito eficaz de melhor utilizar o nosso cérebro. Com ela você pode fazer sua própria e direcionada programação mental na busca de seus objetivos. Pelo estudo dessa técnica, aprendemos que nosso cérebro aprende por repetição e velocidade. Tudo o que é mantido em nossa mente por um determinado período de tempo tende a se manifestar, de alguma forma, em nossa vida real.

Um dos exercícios práticos mais espetaculares dessa técnica é escrever palavras e frases positivas, e, por intermédio da leitura diária dessas palavras e frases, você terá um bem-estar interior e felizes manifestações à sua volta. Coisas muito positivas passarão a ocorrer ao seu redor.

Uma outra maneira de expressar tudo isso é a seguinte: no momento em que você tem plena fé, confiança de que seu estado interior está cheio de otimismo e positivismo, escrevendo e lendo palavras positivas, visualizando palavras positivas, mesmo na maior dificuldade que sua vida possa estar, visualizando uma solução pacífica ou um acordo amigável, vitórias, algo extremamente bom, todas as forças do universo irão trabalhar a seu favor, fazendo com que essas coisas positivas, de uma forma até inesperada, aconteçam. Todas as pessoas hoje envolvidas na saúde mental dizem: Pense positivo e seja otimista!!! Isso é um exercício! Deve ser praticado diariamente.

Exercício de programação

Compre um caderno pequeno, que lhe traga muita alegria. Pode ser que a capa dele tenha cenas infantis, cenas de uma paisagem bonita, ou um caderno para o qual você olhe e já lhe traga alegria. Isso é fundamental. Nesse caderno, você vai escrever frases e orações positivas. É importante que você leia suas frases logo ao acordar e antes de dormir. Sua mente ficará trabalhando essas frases positivas também durante o sono. Por exemplo: *"Sou feliz, perfeito e forte, e tenho amor e muita sorte"*, *"Sou próspero, saudável, feliz e inteligente. Vivo positivamente"*, *"Sou protegido e abençoado, feliz e iluminado"*.

Veja que essas frases possuem somente palavras positivas. Contêm uma rima. Você pode até cantar durante o dia, fazendo uma pequena música. Deve escrever em um papel, colocar no seu bolso e ler essas frases durante o dia. Faça todos os dias, no mínimo, uma frase positiva, algo que interiormente lhe traga muita alegria e muita força. Você notará que com a repetição e o tempo sua vida estará muito melhor, melhor e melhor. Ainda que venha a encontrar em seu caminho possíveis dificuldades, suas reações e ações sobre elas lhe surpreenderão positivamente.

A realização de hoje é um sonho de ontem

Toda realização nasce de um sonho! Um sonho está no seu corpo mental. No momento em que você pensa em um sonho, visualiza-o acontecendo, faz frases positivas para que esse sonho ocorra, imediatamente você vai passar a trabalhar positivamente na realização dele. No momento em que você colocar seu corpo físico para executar todas essas idéias positivas, você vai alcançar o seu objetivo... e o que era sonho passa a ser concreto! Isso pode ser até sutil, imperceptível a você, mas é assim que ocorre.

Veja o exemplo do helicóptero. A primeira pessoa que o desenhou foi Leonardo da Vinci. Tente imaginar como um objeto desses é capaz de sair do chão, de fazer aquelas manobras todas, de parar no ar, de girar em torno de seu próprio eixo... Veja que máquina complexa. Tudo nasceu de um sonho de um homem, que observou a natureza, sonhou e colocou em um papel, fez um planejamento de execução e a máquina hoje existe. Tudo começou pela força mental. A força mental é a verdadeira força criadora e criativa. A própria Bíblia cita a força criadora da mente.

Outro exemplo interessante: suponha que você esteja em uma situação difícil, na qual teoricamente não veja uma solução. Escreva em um caderno que Deus é capaz de realizar a solução de que você precisa. Seja otimista frente a essa situação. Coloque o nome das pessoas envolvidas de forma que elas também estejam favoráveis em lhe auxiliar na solução dessa situação. Visualize acordos amigáveis ocorrendo. Tenha toda uma atitude mental positiva e certamente você colherá frutos extraordinários e será muito feliz.

Nutrir e limpar a mente

Assim como nas demais saúdes, na saúde mental também é importante haver uma boa nutrição e uma boa limpeza. Mas como fazer isso em termos de saúde mental? Assim como existem alimentos saudáveis para o cérebro, como as nozes (até o formato das nozes lembra o formato de um cérebro), o suco de noni já citado, o café (que é um ótimo estimulante mental), o guaraná da Amazônia, ou então o chá de gingko biloba, há também que existir a nutrição que não é material. Estamos falando dos pensamentos e sugerindo que você faça uma limpeza também.

Se você está com pensamentos negativos, limpe-os. É como se você estivesse lavando sua mente. Tire-os fora e deixe-os positivos. Nutra-se diariamente de pensamentos positivos. Estando sempre alerta para se livrar dos pensamentos negativos você já estará fazendo uma boa limpeza.

Escreva frases relacionando seu nome às palavras positivas. Por exemplo, se você quer emagrecer coloque: *"Maria emagrecimento da Silva emagrecimento"* ou *"Maria magra da Silva magra"*. Isso vai ajudá-lo com certeza. Essa programação fará com que todo o seu sistema endócrino passe a funcionar melhor. Além disso, caso você olhe para um alimento que engorde, irá automaticamente lembrar do *"Maria magra da Silva magra"* e não vai comer esse alimento. E assim por diante. Relacione seu nome às palavras que você deseja como saúde, paz, prosperidade, sabedoria, etc. Faça sua relação de frase e leia todos os dias, pois isso seguramente o ajudará a programar a sua mente de forma positiva.

Agradeça

É importante que, todos os dias, você escreva frases agradecendo, pedindo, bendizendo, louvando, amando. Frases positivas com as cinco palavras-chaves da saúde mental: paz, saúde, proteção, prosperidade e sabedoria. Por exemplo: agradeça a Deus pela paz que Ele coloca em sua vida. Ainda que sua vida não esteja totalmente em paz, sua mente vai absorver essa paz e vai se programar. Todo o universo irá se programar para o máximo de paz possível. Reflita: será que sua vida não possui uma paz muito melhor que a vida de muita gente ao redor do mundo? Sempre ao escrever e ler uma frase, diga-a em voz alta. É importante que você ouça a sua voz, pois assim você estará triplicando a força desse pensamento positivo.

Crie seus próprios símbolos

É importante que você tenha um símbolo que lhe faça bem e que lhe mostre coisas positivas, como um sol, uma flor, um santo, etc. Relacione essa imagem a frases ou palavras positivas e, toda vez que você visualizar essa imagem, imediatamente você receberá tudo isso que relacionou como, paz, saúde, proteção, prosperidade e sabedoria.

Criar um símbolo que representa as cinco palavras-chave (paz, saúde, proteção, prosperidade e sabedoria) é muito útil para ser relacionado a algo altamente positivo. Por exemplo: a cruz representa para a igreja coisas positivas, como paz, proteção (afastando o mal), sabedoria e libertação. É um grande erro achar que a cruz é um sinal que representa a morte, quando ela, na verdade, representa o amor de Deus por nós. Toda força-pensamento que você lançar para uma pessoa ou para o mundo será recebida certamente, seja negativa ou positiva. Se você nutre ódio por alguém, essa força vai para a pessoa e essa pessoa sentirá. Então, pense positivo. Pense em coisas boas e emita frases boas para as pessoas. O maior beneficiado será você!

Imagine que você tenha um ente querido no hospital; visualizando essa pessoa saudável na sua frente e sorridente, escreva a palavra saúde em volta dela, percorrendo todo o seu corpo, e perceberá que ela irá sentir essa força positiva que foi enviada a ela. Nossas mentes são grandes transmissoras e receptoras de ondas positivas ou negativas. Transmitem e recebem informações. As mentes estão se comunicando. Escolha sempre o melhor. Pense sempre de maneira otimista e benéfica!

Abençoe e seja abençoado

Antigamente, era comum que as pessoas se abençoassem. Chegava-se em casa e pedia-se a benção para o pai, para a mãe, para os avós... Hoje em dia, isso está perdido. As pessoas mal se olham e se falam.

É necessário pedir proteção todos os dias. Peça e abençoe também. Abençoe seus familiares, seus amigos, seus animais, e com certeza você também se sentirá bem com isso.

Deseje o bem

Não faça ao seu próximo aquilo que você não gostaria que fosse feito a você. Faça ao seu próximo aquilo que você gostaria que ele fizesse para você. Ou melhor: faça ao seu próximo aquilo que você sabe que ele gostaria que fizessem por ele. Isso está dentro de um bom relacionamento interpessoal.

Mantenha seu cérebro em boa forma

É importante que seu cérebro fique em boa forma. Para isso, é preciso exercitá-lo. Veja a seguir algumas atividades que manterão sua mente funcionando com lucidez e eficácia:

Aprenda uma língua estrangeira
É uma das melhores maneiras de manter seu cérebro bem exercitado.

Faça estudos constantes
Hoje em dia, existe até a faculdade da terceira idade.

Jogue baralho, xadrez ou faça palavras-cruzadas
São atividades que também exercitam positivamente o bom funcionamento cerebral.

Capítulo 10

Orações, bênçãos e meditação

A saúde espiritual independe da religião. É extremamente benéfica dentro de qualquer religião. Portanto, adapte este capítulo à sua realidade e às suas crenças. Conhecemos pessoas que se dizem ateias – talvez para terem uma atitude diferenciada – mas que são pessoas extremamente "religiosas" e "caridosas".

Deus é paz, saúde, amor, respeito, compaixão, serenidade, perdão, paciência, cooperação, prosperidade, Deus é vida e é vida em abundância. E para estarmos em paz com ele, temos de buscar esses bons valores diariamente. Eles já existem dentro de nós, e é necessário apenas que façamos um exercício diário para que eles possam estar presentes em nossa vida.

Da mesma forma como as demais saúdes, a saúde espiritual deve ser nutrida e limpa diariamente. As orações são excelentes maneiras de nutrir diariamente nosso espírito. Transforme sua vida em uma verdadeira oração, com pensamentos, palavras e ações saudáveis e positivas, de forma que você possa amar a todas as pessoas e todos os seres que estão à sua volta (animais, plantas, pessoas). Que você saiba também aceitar e receber com gratidão o amor dos outros.

Se você está agindo mal, está fazendo algo extremamente danoso, não é tomando banho de chás, ou pagando por limpezas espirituais que vai resolver sua situação, e sim praticando a nutrição de sua saúde espiritual. Nutrir é limpar. É necessário que você tenha atitudes diárias de amor. A melhor limpeza espiritual que existe é fazer o bem!

Quantas pessoas deficientes em termos físicos e mentais nós conhecemos e que, apesar dessa aparente deficiência, estão irradiando luz, alegria, fé e muito amor? No final de nossa vida, certamente seremos julgados por nossa saúde espiritual, pelo amor que demos e pelo bem que fizemos, e não por nossa saúde física, mental e emocional. Veja como nossa visão sobre a vida e sobre o mundo se amplia quando buscamos melhor saúde espiritual.

Perceba como é maravilhoso orar e meditar sozinho e em grupo. Orar é quando falamos com Deus, e meditar é quando Deus nos fala. Deus normalmente ama o silêncio. Observe como a natureza é muito alegre, porém, na maior parte do tempo, ela é silenciosa. Um autor disse que o animal mais barulhento na Terra é o homem.

Citamos um caso interessantíssimo sobre limpeza espiritual. Havia uma pessoa que, todos os dias, alguém batia à sua porta pedindo alguma coisa. Essa pessoa dizia o seguinte: *"Eu poderia encarar essa situação de duas formas: achar que ele era um chato que estava me incomodando e chamar a polícia, ou poderia ver essa situação como uma grande oportunidade de trabalho social, de servir, de trabalhar em favor de Deus. Resolvi acolher essa pessoa e fui à rua para escutar a pessoa necessitada. Procurei saber quais os problemas que a afligiam, interessei-me por ela e por suas necessidades, e resolvi trabalhar fervorosamente para que eu pudesse modificar essa situação, para que eu pudesse auxiliá-la a sair da rua, a arrumar um emprego decente, uma vida digna, a ter uma alimentação física, mental, emocional e espiritual decente... Ou seja, resolvi trabalhar em benefício dessa pessoa".*

Isso sim é um exemplo vivo de nutrição e limpeza espiritual. Se no passado você fez coisas muito danosas e muito ruins, com essas atitudes benévolas você vai "limpando" seus erros. Uma limpeza espiritual significa fazer algo extremamente positivo, que beneficie você e os que estão à sua volta. Na visão hindu isso se traduz em "queimar o carma", ou seja, queimar as ações negativas que você fez no passado, por intermédio de ações positivas.

Outro caso interessante é o de pessoas que detestam animais a ponto de chutá-los e matá-los envenenando-os, e que de repente se apaixonam perdidamente pelos animais, passando a ser fervorosos defensores, a participar de associações de defesa dos animais. Animais são obras de Deus. Sendo assim, eles possuem sua função aqui na Terra. Portanto, você deve tratá-los como seres humanos, os humanos como seres divinos e a todos como filhos de Deus.

Oração pessoal

É importante que você deixe um tempo adequado para fazer uma oração individual. Como sugestão, deixe de 30 a 60 minutos por dia para estabelecer esse diálogo franco e amoroso com nosso melhor amigo, nosso "sócio", nosso eterno pai, Deus! Ore com a Bíblia, ou com o livro de sua crença, mas ore com plena fé! Creia que Deus o escuta como se você fosse seu único filho sobre a Terra.

Procure sempre orar de uma forma calma, tranquila, serena, harmoniosa e equilibrada.

Faça um caderno pessoal com frases otimistas e palavras positivas (veja mais detalhes adiante), e aproveite para escrever suas próprias orações. Leia no mínimo uma vez ao dia. O ideal é ler antes de dormir e ao acordar. Aqui há uma versão do salmo "O Senhor, o bom pastor" ou *"O Senhor, o pastor dos homens"* (*Salmos* 22,23):

> O Senhor é nosso Pastor, felicidade e todo bem hão de seguir-nos! Em verdes prados nos faz repousar, conduz-nos junto às águas de descanso e refrigera nossas almas. Pelos

caminhos retos nos levem por amor de seu nome, ainda que atravessássemos um vale escuro nada temeríamos porque Deus está conosco. Sua Luz, seu Amor e seu Amparo são nossa proteção. Prepara nossas bênçãos, graças, glórias e vitórias à vista dos perseguidores, derrama o perfume de bênçãos e luzes sobre nossas cabeças, nossas taças transbordam. É sempre verdadeiro que a bondade, a misericórdia, a luz e o amor de Deus, toda prosperidade e todo o bem nos seguem por todos os dias de nossas vidas. E habitamos na casa do Senhor por dias sem fim. Graças a Deus!

Veja como essa oração é extremamente positiva. Repare quantas vezes são ditas a palavra benção. É importante que você crie sua oração, coloque nela coisas importantes para você. Faça com sua própria letra e com as palavras que mais o tocam. É muito importante que a palavra e o sentido que você utiliza na sua oração sejam extremamente positivos. Outro exemplo de oração é o salmo de proteção (*Salmos* 90,91). É a mesma oração que existe em várias bíblias, só que ela está colocada em um sentido positivo, pedindo proteção, pedindo que Deus nos abençoe em qualquer lugar, qualquer tempo e em qualquer situação.

> Nós que habitamos sob a proteção do altíssimo, que moramos à sombra do onipotente, dizemos ao Senhor: seja o nosso refúgio, a nossa cidadela, nossa luz e proteção, o maravilhoso Deus que nós sabemos que podemos confiar. Porque és tu que nos livra dos males visíveis e invisíveis, e nos é nosso escudo de proteção. Jamais temeremos os terrores noturnos, nem a flecha que voa à luz do dia, nem as pestes que se propagam nas trevas e nem o mal que graça ao meio dia. Caiam mil homens à minha esquerda, dez mil à minha direita e milhares a nossa volta, jamais seremos atingidos por lado algum. Veremos e contemplaremos com nossos próprios olhos o castigo dos pecadores, porque o senhor é nosso refúgio e nós escolhemos por asilo o Altíssimo. Jamais algum mal visível ou invisível nos atingirá. Jamais algum flagelo chegará aos nossos lares, propriedades, pertences e entes queridos, porque aos anjos o senhor manda que nos guardem e nos protejam em todos os caminhos,em todo o tempo e lugar, e sobre todas as circunstâncias. E assim libertos e protegidos de todos os males, o Senhor nos cobre de bênçãos, graças, glórias, plena saúde, prosperidade, proteção e plenas vitórias, e nos mostra a eterna salvação do Cristo. Amém.

Lembre-se sempre de que uma oração completa necessita de bons sentimentos, de boas palavras, de boas intenções e de boas ações. Ore muito e ponha essa graça divina em primeiro lugar em suas prioridades. Tendo amor no seu coração, desejando o bem às pessoas, realizando atitudes boas concretas em relação a elas, sua vida será a mais linda oração.

Oração em grupo

Orar individualmente é fundamental, mas orar em grupo também é muito importante. Se você fizer diariamente suas preces individuais, e também puder diariamente orar em grupo, terá pela força da oração uma modificação para melhor em todos os ramos de sua vida. Sentir-se-á forte, mais calmo, sereno, mais feliz, extremamente mais criativo, e as pessoas à sua volta também serão beneficiadas por isso.

Uma oração realizada com duas pessoas juntas, orando pelo mesmo objetivo, com a mesma intenção, tem uma soma que na contagem de Deus sempre é maior que dois. Pode parecer loucura, mas, nesse caso, um mais um sempre será maior que dois. Quando dezenas, centenas ou milhares de pessoas louvam, agradecem e pedem juntas por uma boa causa a força é muito grande. Por isso, vá o máximo possível ao seu culto religioso, ao seu local comunitário de oração, ou reúna um grupo. Caso você ainda não tenha aderido a essa maravilhosa ação, sempre é tempo. Agora é o exato momento para iniciar. Faça isso e será mais feliz.

Orando e abençoando

Outra técnica muito importante dentro da saúde espiritual é visualizar as pessoas, seus entes queridos, as situações de sua vida, em situações que você gostaria que ocorressem. Jogue luz, jogue bênçãos, jogue todas as palavras positivas sobre essas pessoas, sobre essas situações. Seguramente, sua vida vai melhorar muito.

Ore no carro, no trabalho, em casa, no avião, no ônibus, em todo e qualquer lugar. Se estiver na sala de espera de algum consultório, por exemplo, aproveite para orar. Pegue seu caderno de frases positivas e leia! Aproveite essas oportunidades e faça suas orações. Seja criativo. Crie suas próprias orações. Faça orações que estejam inseridas em seu contexto atual. Coloque seu nome, o nome dos seus entes queridos, de seus animais de estimação, o nome de pessoas que estejam em dificuldades, o nome de nossos governantes, etc.

Sempre que você entrar em um novo ambiente, em uma casa, escritório, hospital e em qualquer lugar, abençoe o ambiente e todas as pessoas que por ali passam. Abençoe seus animais, plantas, jardim. Trate-os com profundo amor. Saiba que devemos tratar os animais como seres humanos, os seres humanos como seres divinos e a todos como filhos de Deus. Abençoe, inclusive, seus papéis, sua pasta de trabalho, seu computador, suas roupas, o travesseiro em que você dorme, a água que você vai beber, enfim, tudo o que você encontrar pela frente.

Abençoe também seus inimigos. Peça a Deus que eles possam ter um melhor discernimento, que vejam a luz, que parem imediatamente de fazer o mal, que caminhem na verdade, no amor e na paz. Seguramente, você terá um sentimento muito melhor em relação a eles. E eles também terão um sentimento melhor em relação à vida, em relação a você, e poderão ampliar a visão sobre o viver e sobre seus relacionamentos. Isso é muito importante. Pode parecer um pouco difícil, mas inicie com fé e amor e verá que o maior beneficiado com tudo isso é você mesmo.

Meditação

A melhor maneira de escutar Deus é procurar escutá-lo no silêncio de nosso interior. Existem muitas técnicas de meditação, mas, para nós do Ocidente, a melhor maneira de meditar é no silêncio de nosso quarto de dormir, em uma igreja, em um templo ou em um jardim tranquilo.

Podemos permanecer sentados ou deitados, mas sempre em uma posição extremamente confortável. Procuramos acalmar nossa mente e imaginamos uma luz maravilhosa envolvendo todo o nosso ser. Caso venha algum pensamento indesejado, acalme-se e peça a ele que se retire imediatamente. Substitua-o por pensamentos de paz, de saúde, de alegria, de harmonia, de prosperidade material, de prosperidade espiritual, de proteção, de amor, de serenidade. Veja-se calmamente caminhando por um lindo jardim florido e perfumado. Veja ao seu redor as pessoas e os animais que você mais gosta. Visualize tudo de bom que gostaria que ocorresse em sua vida. Veja tudo sendo realizado de forma saudável e positiva.

Sinta-se feliz e revigorado com tantas coisas boas ocorrendo em sua vida. Sinta-se forte. Caso tenha alguma parte de seu corpo que precise ser restaurado, veja a infinita luz de Deus permeando e regenerando toda essa parte de seu corpo. Caso seja em outra pessoa, veja o mesmo ocorrendo, ou até imagine-se junto a um cirurgião, que está realizando a plena restauração do corpo de seu ente querido. Aproveite e restaure um relacionamento rompido, algo mal resolvido, qualquer fato que necessite de reparo em sua vida. Esse também é um excelente momento para abençoar a tudo e a todos. Enfim, "faça essa viagem" de otimismo, positivismo e bênçãos em todos os ramos que desejar, e seja feliz.

Saiba que a prática diária da meditação, pelo período de 15 a 45 minutos, trará respostas incríveis, trará força, paz, saúde e fará o amor brotar vigorosamente de seu interior. Lembre-se sempre que nosso maior amigo nessas horas de meditação é nosso criador celestial e, com seu auxílio, tudo é possível!

Capítulo 11

Cultive sua saúde espiritual

É muito importante que a pessoa cultive e dê um valor muito grande à saúde espiritual. Quantas pessoas, com praticamente pouquíssima saúde física ou alguma provável deficiência mental, e talvez até um relativo equilíbrio na sua saúde emocional, têm muita saúde espiritual? E pessoas que têm um grau de sabedoria e de consciência elevado normalmente brilham por inteiro, transmitem uma enorme paz. Já o contrário, como, por exemplo, um modelo, um atleta, que podem ter uma inteligência mental muito grande, porém, uma consciência e uma sabedoria espiritual muito pequenas, normalmente passam agitação, tristeza, desarmonia. E quantas pessoas que, em nossa visão material, têm tudo e acabaram se suicidando? Têm tudo neste mundo, mas não têm a sabedoria vinda de um espírito elevado.

Muito importante também é emanar pensamentos positivos para quem ama e para os que o perseguem. Imagine quantos benefícios podemos ter se soubermos que as pessoas ao nosso redor estão felizes, prosperando em todos os aspectos de suas vidas, e que os que nos perseguem também estão bem. Seguramente, eles se importarão menos conosco e nos deixarão viver tranquilos e em paz. Envie pensamentos de paz, saúde, perdão, luz, serenidade para quem parece não lhe querer muito bem e a vida de todos certamente será mais feliz.

Uma das maneiras de cultivar a saúde espiritual é fazer um caderno de orações ou caderno dos "milagres" (amoroso apelido dado pela amiga, empresária e apresentadora de rádio e TV, Simone Arrojo de Oliveira). É simples, são apenas três passos. Com ele, você pode fazer, em silêncio, reservadamente, sua oração pessoal todos os dias. Na Bíblia, existem inúmeras passagens de Jesus retirando-se para a sua oração individual, pessoal. Os padres, monges e pastores, independentemente da religião, têm seu momento de meditação e oração pessoal, em que ficam consigo mesmos. É uma conversa franca, honesta, tranquila, serena e particular sua com Deus. Os grandes especialistas sempre lembram que, quando você está em oração, você está falando para Deus; quando você fica em silêncio, em meditação, você está escutando o que Deus tem para lhe dizer.

Há pessoas que rezam por 15 minutos, meia hora, uma hora. Não interessa qual o tempo que você dedica a essa sua oração pessoal; se for um tempo mais longo e for eficaz, ótimo; se mais curto, mas da mesma forma eficaz, perfeito. O importante é que sua prece seja eficaz, que você saia energizado, feliz, forte, mais harmonizado, com ideias novas, com projetos bem definidos na sua cabeça.

A maior graça que você pode receber na sua oração pessoal é conseguir equilibrar seu organismo, conseguir curas milagrosas, e, creia, você consegue! Nesse momento de oração pessoal, em que você consegue equilíbrio para as quatro saúdes (física, mental, emocional e espiritual), tudo de bom é possível, porque a saúde espiritual é com certeza a mais importante. Ela é capaz de fazer milagres!

É sempre bom recordar como nascemos. Carecas e sem dentes, com o corpo pelado. Como nós partimos? Nem esse corpo pelado nós levamos. E o que levamos dessa experiência material na Terra? Com certeza, o amor que demos e os amigos que guardamos no coração. E isso nos fala o quê? Quando você dá bastante amor e guarda os amigos no coração, Deus lhe presenteia com sabedoria, com mais luz, mais paz. É o que você leva daqui, com certeza. Exceto isso, não levamos mais nada, nem o dinheiro que acumulamos, as glórias profissionais, nossas conquistas políticas, enfim, nada disso é levado. Dependendo do que você faz, pode levar uma história aqui da Terra, com todo o respeito, muito triste.

Então, é melhor seguir os bons ensinamentos, procurar conversar serenamente com Deus, estar em oração. Deus sempre está disponível a você, escutando seu coração. Conversando francamente com Deus, dificilmente você fará algo prejudicial a si mesmo e aos outros, pois Ele sempre lhe dará boas orientações, de como se conduzir, vencer seus obstáculos, suas dificuldades e como fazer a história da sua vida muito bonita, cheia de flores e de alegrias, apesar das possíveis e aparentes dificuldades. Os desafios nos servem para que possamos aprender cada vez mais, ganhar confiança, sabedoria e fortalecer nosso espírito.

A oração pessoal é, sem sombra de dúvidas, um dos fatores mais importantes para toda esta conquista. A oração é o que há de mais importante. No que diz respeito à saúde física, mental, emocional e espiritual, a oração tem o poder de auxiliá-lo muito, trazendo-lhe mais paz, alegria, vontade de viver, ausência de dor, disposição, harmonia, serenidade, confiança, fé, sabedoria, inteligência espiritual, equilíbrio, concentração, respeito pelas obras de Deus, incluindo respeito ao próximo, compaixão, cooperação, companheirismo, união, perdão, solidariedade, bondade, esperança, luz e o que mais você quiser.

Outro fator muito importante para que se tenha plena saúde é realizar algum trabalho voluntário. Você pode visitar crianças em orfanatos, idosos em asilos, pessoas doentes em hospitais, participar do trabalho social de sua comunidade religiosa, auxiliar na recuperação de dependentes químicos, bordar, cozinhar, educar, cuidar, enfim, auxiliar o mundo servindo aqueles que necessitam. Ao menos algumas horas por semana, ou quem sabe um pouco mais.

Comece dando mais atenção para os idosos que estão ao seu redor. Brinque com as crianças. Trate os animais com carinho e amor. Cumprimente e deseje o melhor aos seus vizinhos. Telefone para alguém somente para desejar um excelente dia. Enfim, faça pelas pessoas algo que lhes traga alegria. Isso tudo seguramente é maravilhoso para a sua saúde e para a saúde das demais pessoas também. Seja um gerador de saúde!

Trabalhar voluntariamente é doar parte dos seus dons, do seu tempo, ou talvez até do seu dinheiro, para aqueles que, neste exato momento, estão menos favorecidos do que você. Acreditamos que o tripé mais importante para a plena felicidade é a oração pessoal, oração em grupo e trabalho voluntário (doar-se com muito amor).

Fazendo seu caderno de orações

O primeiro passo para se fazer um caderno de orações é escolher um caderno que lhe traga muita alegria, que só de olhar para ele você já se sinta bem. Pode ter o desenho de uma horta, de um ursinho, de um coelho, motivos infantis... o que o fizer feliz. Pode ainda ser um caderno de esportes, de paisagens bonitas, de temas religiosos, não importa. O importante é que você olhe para seu caderno e imediatamente sinta-se bem, pois ele vai ser seu maior companheiro. Você estará sempre com ele todos os dias, no mínimo uma vez por dia, olhando para ele e escrevendo suas próprias orações.

O segundo passo é escolher um lugar adequado para fazer suas orações, que vai ser seu pequeno santuário ou seu grande santuário. Pode ser um lugar no jardim da sua casa, um local dentro de seu quarto, um lugar na sala que você reservará para colocar ali coisas que lhe tragam muita alegria, muita força interior. Existem pessoas que levam um objeto do esporte preferido, que lhes traz alegria; outras que colocam quadros com lembranças religiosas, quadros dos seus antepassados, de pessoas da família, pessoas queridas. Existem também aqueles que colocam quadros de paisagens bonitas. Simplesmente coloque nesse lugar o que você considerar que é importante para você. Acrescente também objetos religiosos que lhe tragam complementação para suas preces. Algumas pessoas usam velas de sete dias, outras usam apenas velas acesas no horário da oração, que são apagadas. Muito cuidado para não provocar incêndios! Todo cuidado é pouco.

Uma vez que você escolheu o local, aquele será seu lugar sagrado, e é muito importante que você, todos os dias, ao acordar, dirija-se para aquele lugar e ali faça seu momento de reflexão, de oração pessoal. Então, você vai se sentar no lugar escolhido e vai ler e escrever as orações, diariamente. Escreva pelo menos uma oração ao dia, nem que seja pequena, e também leia as anteriores. Esse é o grande segredo. Muitos falam: *"Puxa, mas isso é trabalhoso. Eu não tenho tempo!"*. Tem tempo sim! É só você se programar e se dedicar. Se você tiver cinco minutos, está razoável; se você tiver dez minutos, está melhorando. O importante é que você reserve um tempo adequado para isso. Tenha muita perseverança e saiba que em alguns dias poderá estar sem muita vontade de orar, ou "sem tempo", ou ainda, acontecimentos repentinos poderão desviá-lo da oração, mas o mais importante é que persevere sempre! Tenha disciplina e muita perseverança. Essa também é uma das condições fundamentais para que suas orações possam surtir efeito. Persevere, persevere e persevere com muita determinação!

O lugar especial escolhido pode ser na sua casa, no seu escritório, no local em que você trabalha, e assim por diante, desde que seja um lugar reservado em que você possa ficar em silêncio absoluto, consigo mesmo. Não interessa o lugar que vai escolher, mas tem de ser um lugar muito especial para você, um lugar que lhe traga muita alegria. Há pessoas que reservaram um espaço no banheiro, mas esse não é um local ideal para se fazer um santuário. Escolha um local mais adequado. Isso não significa que não se deve orar no banheiro. Recomendamos veementemente que ore o máximo possível em qualquer lugar, até mesmo no banheiro, mas para reservar o local de seu santuário escolha um outro lugar. Essa é a base necessária para sua oração. Sugerimos também que você faça as suas orações ou parte delas em casa, e que também leve seu caderno aonde quer que vá. Assim, poderá orar dentro do carro, no ônibus, no avião, na sala de espera, poderá orar o máximo possível, seja lá onde estiver.

O terceiro passo é você começar a fazer frases altamente positivas, suas orações mais importantes, escritas à mão por você. Escreva orações já conhecidas que o toquem, e altere palavras para que essas orações fiquem mais fortes para você. Procure escrever também frases curtas e sempre altamente positivas. Poderíamos chamar essas frases de "mantras". Após escrever cada frase, leia em voz alta e observe o que sente. Se seu sentimento for muito bom, a frase está adequada. Caso necessite ser melhorada ou redefinida, faça isso sem hesitação. Escreva como exemplo as seguintes frases:

> *Eu,* (seu nome completo), *estou em plena paz com minha família, estou em plena paz no trabalho, nas ruas e estradas, nas viagens, no lazer, no descanso, etc.*
>
> *Eu,* (seu nome), *estou em plena paz, harmonia e concórdia com* .... (escreva o nome completo da pessoa ou da instituição com que você deseja estar bem harmonizado e em paz).
>
> *Eu,* (seu nome), *tenho plena paz interior e plena paz exterior.*
>
> *Eu,* (seu nome), *estou em todo o tempo e lugar e sob toda e qualquer circunstância, cada vez melhor, melhor, melhor e em plena paz.*

Paz, harmonia e concórdia

Use também as palavras harmonia e concórdia. Aliás, essas três palavras, paz, harmonia e concórdia, são maravilhosas. Essas palavras "mágicas" complementam-se muito bem. Outro exemplo:

> Senhor, fazei de mim, (nome completo), um instrumento de vossa luz. Que eu, (seu nome), seja um instrumento de plena paz, harmonia e concórdia. Que eu tenha e leve muito amor. Que eu tenha e leve sempre plena paz, harmonia e concórdia, na minha família, paz no lar, paz nos negócios, paz no trabalho, paz no lazer, paz no descanso, plena paz nas ruas e estradas, plena paz nas viagens, plena paz nos estudos, plena paz interior, plena paz exterior, plena serenidade, plena paz no voluntariado, plena paz, harmonia e concórdia total.

Parece repetitivo, e até pode ser, mas a mente assimila por repetição. Além disso, cada célula do seu corpo estará impregnada dessas palavras altamente positivas. Repetir coisas boas só faz bem, e é você quem está se programando. Caso você não o faça, alguém o fará por você. Pode ser uma empresa de vendas, a TV, o rádio, enfim, em vez de ser programado por alguém, programe-se a si mesmo positivamente. Seguramente isso lhe trará um ganho enorme. Lembre-se sempre de que você está construindo seu próprio caderno de orações, ou seja, seu diálogo diário com o Criador.

Gratidão

Assim, uma primeira palavra-chave certamente é a palavra *paz*. Depois, uma das coisas mais importantes que existem, citada até no livro do senhor Wallace D. Wattles, *A ciência de ficar rico*, é a gratidão. O senhor Wallace foi muito feliz nesse livro, e deve tê-lo escrito pensando na parte material. Ocorre que ele faz um tratado de pensamentos e sentimentos positivos, que serve muito também para a parte espiritual, ou seja, serve para tudo.

Ter gratidão é uma atitude fundamental para quem quer prosperar e ser feliz. Tenha gratidão por sua família, por seus amigos, por seu trabalho, pelo alimento que recebe, pela água que bebe, pelo ar que respira, pela roupa que veste, pelo aprendizado de cada dia, pelas pessoas que passam pelo seu caminho, pelos que o auxiliam e seguem juntos em sua caminhada terrena, por tudo de bom que você recebe em sua vida. Agradeça também por tudo de bom que você faz, pelo bem que Deus lhe propicia realizar.

Ora, se nós somos seres espirituais vivenciando uma realidade material na Terra, podemos e devemos nos esforçar para ter tanto a prosperidade material como a prosperidade espiritual, sendo que, sempre, no nosso dia a dia, a prosperidade espiritual deva ter a maior prioridade. No livro citado, Wallace fala muito da gratidão. Primeiro, obviamente, você tem a consciência de que existe um ser superior a nós e que Dele todas as coisas procedem. Em seguida, Ele pode, sim, o auxiliar a ter muita prosperidade, tanto espiritual como material, desde que você tenha uma verdadeira gratidão por Ele e por tudo o que Ele cria. E esse é o grande segredo da nossa possibilidade de prosperidade. O autor até cita um caso interessante: tudo na vida é prosperidade. Deus é plena prosperidade. Deus está o tempo inteiro ampliando o universo, que é infinito e que a cada dia se renova e se recria, com novas galáxias, planetas e estrelas.

Olhe, como exemplo, para as plantas. Quais são as atitudes mais importantes que desejam tomar em sua vida? É crescer, desenvolver-se plenamente, florescer, produzir sementes e deixar descendentes. Preste atenção que, no fundo, a intenção maior é multiplicar-se. E na nossa vida é exatamente igual, e por isso até dizem que pessoas jovens, que participam de alguma atividade ilícita, perigosa, logo geram algum descendente. Querem deixar um filho, ou seja, cumprir uma das missões que Deus nos deixou na Terra, que é a de crescermos e nos multiplicarmos. Porque sabem que sua vida talvez seja muito curta, como trabalham com alto risco, pode ser que acabem perdendo a vida a qualquer momento, então, muitas vezes, antes dos 18 anos já têm filhos. A intenção maior é a de se multiplicar.

E então vem uma pessoa que está fora dessa situação e fica indignada: *"Nossa, mas aquela pessoa agindo de uma forma tão errada, tão moço e já tem filho, que absurdo!"*. Porém, o que está no inconsciente dele é o desejo de cumprir um dos desígnios de Deus, que é o da multiplicação. Tudo o que existe no mundo quer crescer, multiplicar-se e prosperar. Para que isso ocorra de forma plena e efetiva, é importante ter gratidão. A gratidão é uma das coisas mais importantes para que você consiga prosperar, tanto espiritualmente como materialmente.

O autor ainda cita que só a gratidão pode manter nossos olhos na direção do todo, e mais, permitir-nos passar de uma mente competitiva para uma mente criativa. Isso não é sensacional? Por intermédio da gratidão, você pode abandonar a mente competitiva para ir para uma mente criativa. Veja quantas coisas novas surgiram no mundo que nunca poderíamos imaginar que fizessem tanto sucesso e foram criadas com grande criatividade. O computador é uma delas. O próprio Bill Gates, quando começou a desenvolver a Microsoft, acreditava que 600 a 800 megabytes seriam mais que suficientes para uma pessoa ter em seu escritório ou em sua casa. Veja hoje quantos gigabytes todos querem ter, como cresce o tamanho do mercado de informática, que surgiu da pura criatividade.

Quem imaginou, há mil anos, que pudesse existir o automóvel? Alguém deve ter imaginado, mas quantos podem ter imaginado que isso seria impossível? Uma loucura! E o helicóptero, o que dizer? De fato aconteceu, quando um grande profissional na área de mecânica, há 200 anos, teve uma proposta de construir um avião e respondeu que seria impossível fazer voar uma máquina mais pesada que o ar. E, veja, hoje, quantas toneladas tem um avião e ele voa, e muito bem. Pela própria lei da aerodinâmica, o zangão, das colmeias das abelhas, que é a abelha macho e tem a função de fecundar a rainha, não poderia voar. Ele é gordo, todo desengonçado, suas asas são menores que seu corpo, e, segundo estas leis da aerodinâmica, jamais conseguiria voar. No entanto, não só é capaz de voar, como copular no ar. Tamanha a capacidade de voo que este inseto tem. Para nós o que é impossível é para Deus o possível que nós ainda não realizamos. Então, tem-se, por meio da criatividade, uma possibilidade enorme de prosperidade, em todos os aspectos.

O autor ainda diz que se sua gratidão for forte e constante, a reação de Deus também será forte e constante. Toda ação gera uma reação em sentido contrário, e isso é uma verdade, a lei de Newton. E no dia a dia espiritual, isso também é verdadeiro; logo, a gratidão é algo muito importante. E você pode e deve criar, com certeza, frases com a palavra gratidão. Alguns exemplos de frases bonitas:

> *Amado Criador, que eu* (escrever nome completo), *possa te amar sempre em cada ser;*
> *Amar-te em cada estrela;*
> *Amar-te em cada raio de sol;*
> *Amar-te em cada flor;*
> *Amar-te em cada plantio;*
> *Amar-te em cada colheita;*
> *Amar-te em cada gota d'água;*
> *Amar-te em cada passo;*
> *Amar-te em cada música;*
> *Amar-te em cada palavra;*
> *Amar-te em cada trabalho;*
> *Amar-te em cada viagem;*
> *Amar-te a todo o momento.*
> *Obrigado, Pai Celeste Criador, pela tua luz e pelo teu amor.*

Veja como é interessante e como é importante a palavra gratidão. Você começou o seu livrinho com a palavra paz, agora está aqui na palavra gratidão, e assim seu caderno prosperará em luz, alegria, saúde, amor, enfim, tudo de bom.

Proteção

Monte a seguir frases e orações com a palavra *proteção*. Muita gente esquece da proteção, acha que não há necessidade nenhuma de pedir proteção nem agradecer a proteção que já tem recebido. É um pensamento equivocado, pois é muito importante pedir proteção no seu dia a dia. A necessidade do pedido de proteção é constante. O tempo inteiro deve-se pedir para que Deus nos proteja, nos livrando de assaltos, de furtos, de roubos, de sequestros, de maldades, de vinganças, da calúnia, da difamação, de acidentes naturais, de raios, de ventanias, de enchentes, de fogo, e assim por diante. Por tudo isso, é importante pedir proteção.

Os austríacos fazem danças maravilhosas relacionadas ao seu trabalho, durante as quais fazem ainda o agradecimento por tudo o que Deus lhes dá e pedem para que Deus continue lhes dando paz, proteção e prosperidade. É muito importante você pedir proteção. Quando adentramos uma floresta, devemos pedir que Deus nos proteja da possibilidade de picadas de aranhas, cobras e escorpiões. Quando entramos no mar, podemos pedir a Deus que nos proteja de todos os perigos. Vinicius de Moraes foi feliz quando disse: *"São demais os perigos desta vida para quem tem paixão"*. Mesmo que algo não muito bom lhe aconteça, agradeça a Deus, pois seguramente poderia ser pior, e peça proteção com mais fervor. Um exemplo de oração de proteção:

> A Luz de Deus me cerca, o Amor de Deus me envolve, o Poder de Deus me protege, a Presença de Deus me guarda, o Caminho de Deus nos traz luz. Onde quer que eu esteja, Deus está comigo e tudo caminha muito bem, e cada vez melhor, melhor e melhor.

Você pode repetir essa oração na primeira pessoa do plural: *"A Luz de Deus nos cerca, o Amor de Deus nos envolve..."*. Outro exemplo:

> Que o Senhor e seus anjos de luz nos protejam totalmente contra os males visíveis e invisíveis, físicos ou espirituais, de qualquer origem e poder. Protejam-nos também, livrando-nos totalmente de acidentes, de furtos, de roubos, de sequestros, de assaltos, de trapaças, de trapaças no trabalho, de invejas, de maldades, de assassinatos, de maus pensamentos, de doenças, de dores, de aflições, que nos livrem definitivamente de todo o mal. Que estejamos repletos de força, coragem, muita paz, muita alegria, determinação e perseverança.

Essa oração pode ser modificada, as palavras podem ser mudadas, assim como a construção das frases, de forma que o toque melhor, pois o contexto é muito pessoal, individual. A mesma frase que para uma pessoa tem um sentido, para você pode ter outro. Construa a frase de forma positiva, de modo que lhe traga um grande bem-estar.

Saúde

Na sequência, construa frases positivas com a palavra *saúde*. Um exemplo:

> O Senhor protege e abençoa toda a minha mucosa gástrica (ou seja, meu aparelho digestivo).
>
> O Senhor protege e abençoa os meus rins, livre-me de cálculos renais (porque eu já tive cálculo renal).
>
> O Senhor abençoa e protege o meu fígado, minha vesícula, trazendo-me plena paz e saúde.
>
> O Senhor mantém o meu cérebro jovem, forte, saudável, otimista, positivo, criativo, inteligente e feliz.
>
> O Senhor fortalece meus braços, ombros, cotovelos e pulsos e os mantêm plenamente saudáveis.
>
> O Senhor fortalece e me dá plena saúde ao meu saudável sistema nervoso central, ao meu saudável sistema nervoso periférico, aos meus saudáveis sistemas nervoso, autônomo, simpático e parassimpático.
>
> O Senhor me abençoa e me dá plena saúde na coluna vertebral. Mantém saudável toda a minha parte estrutural, mantendo saudáveis assim os músculos, os ossos, os ligamentos, os tendões, os discos intervertebrais.

Esses exemplos servem para que você tenha ideia de como fazer suas frases positivas, pois é importante que sejam lidas diariamente. É fundamental que você faça frases positivas que digam coisas agradáveis para você.

Outros idiomas

Existem pessoas que preferem orar em línguas diferentes, existem pessoas que, orando em inglês, sentem mais força na sua oração do que se orassem em português. Provavelmente, essa pessoa tem toda uma história de vida que faz com que orar na língua inglesa lhe dê mais força. Dentro de seu cérebro, falando as frases em outra língua, a oração ganha mais força. Veja um exemplo: na missa em espanhol, pelo menos as rezadas na América Latina, quando o padre diz *"Que o Senhor esteja convosco"*, os católicos respondem: *"Y com tu espíritu (e com teu espírito)"*. Veja como em português é mais forte: o padre diz *"Que o Senhor esteja convosco"*, e os católicos respondem: *"Ele está no meio de nós"*!

Seja positivo

Em nenhuma dessas minhas frases existe a palavra "não". É desaconselhável falar assim: *"Senhor, que eu não tenha pedra nos rins"*. É muito melhor dizer: *"O Senhor me livra de pedras nos rins"* ou *"O Senhor já me livrou de pedras nos rins"*. Assim, com frases positivas, o resultado é muito melhor, pois o "não" desaparece nas frases e resta o sentido "contrário". Por exemplo: *"Eu não vou ter pedra nos rins"*. Sumindo o "não", o que vai sobrar é *"Eu vou ter pedra nos rins"*. O ato de fazer orações positivas, sempre positivas, com as palavras mais importantes para você, é a parte mais importante e fundamental nesse trabalho de oração pessoal.

Imagine o poder de uma oração que é feita por milhares de pessoas todos os dias, por muitos e muitos anos. Essa oração tem uma força e um poder muito grandes. Agora, se você usar essa oração na forma mais positiva, o resultado será melhor ainda. A essência da oração é a mesma; então, mesmo que se faça a oração em português, inglês, alemão, espanhol, ou em qualquer outra língua, será a mesma, pois, para Deus, não existe diferença; a energia é a mesma. Mas se você a fizer de forma altamente positiva, tenha certeza de que isso lhe trará muita força.

Quando você muda determinadas frases para o positivo, o resultado é sempre melhor, a energia é muito mais forte. Outro exemplo de frase positiva: *"Eu, (seu nome completo), estou sempre entusiasmado!"*. Ou seja, está sempre cheio de Deus, porque entusiasmo em grego é estar cheio de Deus. Uma pessoa que está entusiasmada com alguma coisa encheu-se de Deus para aquela coisa. *"Eu estou sempre entusiasmado!"*, *"Eu me sinto plenamente entusiasmado diariamente!"* são frases altamente positivas. Escreva no seu caderno de orações, leia todos os dias, e, se achar importante, escreva em um pequeno papel, coloque no bolso e vá lendo várias vezes ao dia.

Outro acontecimento comum é de um dia uma determinada frase lhe inspirar mais. Aproveite aquela frase e leia-a o dia todo. Chega até, às vezes, a dar um arrepio no corpo da gente; parece que aquela frase preenche o corpo inteiro de força, de emoção. Há pessoas que até choram quando lêem uma determinada frase naquele específico momento. Use essa frase positivamente para você, todo os dias, para fortalecê-lo, para trazer-lhe mais alegria interior, mais força, mais criatividade, mais amor pelas pessoas.

Prosperidade

Prosperidade também é uma palavra importante. Você pode pedir prosperidade no seu trabalho, na sua família, no seu dia a dia de estudos, para quaisquer coisas que achar necessário, ou pedir em todas as áreas.

Saber pedir

Constituiu um fator muito importante também o *saber pedir*. Por que é necessário saber pedir? É outro equívoco a pessoa achar que não deve pedir nada, apenas agradecer o que tem. Tudo bem, mas essa pessoa está fazendo a coisa pela metade, pois pedir é necessário, muito importante. Repare como as pessoas que acabam prosperando mais são as pessoas que têm gratidão, mas que também sabem pedir melhor. Por exemplo, suponha que você chegue a uma sorveteria de um grande amigo seu e diga para ele o seguinte: *"Sabe, eu compro tanto aqui na sua sorveteria, mas hoje estou sem dinheiro, sabe como é... Estou achando que você poderia ter um pouco de reconhecimento, eu sou seu cliente de tantos anos, e me dar este sorvete de presente"*. Perceba que você já intimou o amigo a dar o sorvete, não teve gratidão por ele em nenhum momento e pediu de forma errada. Pode até ser que você ganhe o sorvete, mas esse sorvete lhe será dado com má vontade.

Se você chegar na sorveteria e só cumprimentar seu amigo, e não falar nada, não pedir nada, talvez ele nem saiba que você está sem dinheiro e que, naquele momento, você gostaria de tomar um sorvete. O pedir é importante, o saber pedir é mais importante ainda: *"Olha amigo, sabe, você tem o melhor sorvete da cidade. Cada vez que eu venho aqui e tomo um sorvete, fico com tanta alegria por você estar nesse ramo e eu poder ter o privilégio de poder estar aqui, prestigiando o seu trabalho e desfrutando dessas maravilhas que são os seus sorvetes. Sabe, agora eu estou sem dinheiro, mas será que eu poderia tomar um sorvete, passar amanhã por aqui e lhe pagar?"* Com quase 90% de certeza, ele lhe dará de presente esse sorvete, pela maneira como você soube pedir com gratidão, com alegria, com reconhecimento do trabalho dele e da amizade que ele tem por você e pelos clientes dele.

Portanto, é importante que você faça frases pedindo as coisas que gostaria de ter. Que Deus possa lhe dar prosperidade material, possa auxiliá-lo a cumprir suas obrigações, pagando suas contas em dia; que Deus possa ajudá-lo a ampliar seus negócios, a conseguir novos, duradouros e excelentes clientes; que Deus possa lhe abrir sempre novas portas, novas janelas, porque Deus sempre tem a possibilidade de abrir novos caminhos onde não havia caminho. Isso é real. Olhe o mundo! Deus nos dá sempre situações maravilhosas e infinitas. O pedir é muito importante, então, escreva frases positivas: *Senhor, que eu possa ter plena prosperidade espiritual e material.*

Serenidade

Caso tenha alguma coisa que queira melhorar em você, como, por exemplo, ser uma pessoa mais serena, faça uma frase bem bonita com a palavra *serenidade*. Veja estes exemplos:

Eu, (seu nome completo), *sei que em cada dia estou ampliando, em minha vida, meus relacionamentos e meu trabalho, a serenidade. Sinto-me plenamente sereno, saudável, sereno, feliz* (pode ir associando outras palavras positivas à serenidade).

A cada dia que passa, eu, (seu nome completo), *me torno mais calmo, tranquilo e sereno!*

Isso traz muita força e, cada vez que ouvir uma dessas palavras, você a associará a serenidade. É uma maneira saudável de ir se aperfeiçoando, melhorando em você características que gostaria que fossem lapidadas, para se sentir e agir cada vez melhor. Conforme for colocando toda essa força positiva dentro de você, automaticamente passará a agir dessa maneira, até muitas vezes sem perceber as excelentes mudanças. É importante, além disso, que você saiba das suas deficiências e construa frases positivas que possam, vamos dizer assim, anular definitivamente essas deficiências. Se você não tiver paciência, escreva que você tem paciência, que você está cada vez mais paciente, que você está cada vez mais calmo e sereno. Que você tem plena compaixão e amor por todas as pessoas e por todas as situações. E, lendo isso todos os dias, você ficará surpreso ao ver como começará a ganhar um pouco mais de paciência com as pessoas, com as situações, com tudo aquilo que gostaria de ver melhorar em sua vida.

Símbolos, desenhos e fotografias

Use também símbolos, desenhos e tudo o que achar importante para fortificar suas orações. Outra coisa importante são as cores. Se a pessoa acha que precisa de alguma coisa mais forte, às vezes usa a tinta preta, se quer usar mais harmonia, usa a cor azul, se é uma coisa que acredita precisar de mais coragem, de mais força, usa a cor vermelha. Ou seja, você pode aproveitar o uso de cores diferentes para os resultados que você deseja.

É muito importante também que você coloque fotografias em seu caderno, não só desenhos e ícones, mas fotos de situações que façam muita diferença e que sejam importantes para você. Escolha um lugar em que você possa colocar sua fotografia e a da sua família e, depois, em volta dessa fotografia, como se fosse um sol, em cada linha (raio) que sair dele, estará ligada uma palavra positiva como paz, saúde, proteção, prosperidade material, prosperidade espiritual, união, respeito, alegria, harmonia, concórdia, e assim por diante. Você vai poder construir outras tantas, se quiser; frases e orações, montagens dessas fotos em que poderá colocar os seus desejos. Um exemplo importante é escrever ao lado da foto palavras altamente positivas que possam ajudar alguém que está em uma foto. Se a pessoa estiver enferma, você pode escrever uma oração muito linda em volta da foto:

> Saúde, saúde, saúde, liberamos o poder regenerador dos nossos centros mentais superiores para os corpos físico, mental, emocional e espiritual da pessoa (escreve o nome completo da pessoa). Liberamos a saúde, a luz, a paz, o amor, o bem-estar, a alegria, a plena e total ausência de dor, a felicidade para os corpos físico, mental, emocional e espiritual da pessoa (escreve o nome completo da pessoa). Uma luz maravilhosa e divina inunda todo o seu ser.

Essa oração pode ser feita para os entes queridos também. E mesmo que a pessoa esteja distante, não importa onde esteja, se você pegar sua foto e fizer a oração, pode ter certeza absoluta de que esta pessoa sentirá suas boas vibrações. Poderá até usar sua mente criativa depois de fazer essa oração, fechando os olhos e imaginando uma luz envolvendo toda a pessoa. Mentalmente, você escreve ao redor da pessoa as palavras força, saúde, paz, coragem, alegria, bem-estar, e a frase: *"A cura de Deus age sobre essa pessoa"*. Os resultados costumam ser excelentes. Essa é mais uma maneira de você poder ajudar as pessoas, por intermédio da fotografia delas e das frases positivas que estão dentro do seu caderno de orações.

Todos os dias você vai ler, todos os dias você vai ativar essa força positiva que há dentro de nós, direcionando-a para as pessoas que estão em suas orações. Esse é o "x" da questão: você se sentir melhor, e mais, fazer as pessoas que estão à sua volta se sentirem melhor. Você pode também colocar em suas orações o nome expressamente de todas as pessoas que gostaria de ver bem. Escreva o nome e cole fotografias delas e preencha com palavras positivas em volta, e todos os dias leia esses nomes e essas palavras positivas.

Se você quiser ter prosperidade material, por exemplo, pode colocar a foto de uma casa, de um automóvel; se você quiser ter prosperidade espiritual e ser um grande orientador espiritual, coloque uma foto bonita de alguém que você considera como um orientador espiritual. Faça do seu caderno de orações um caderno que todos os dias será enriquecido com coisas positivas, frases, fotos, desenhos, de modo que o auxilie muito no que desejar. O mesmo pode ser feito com a fotografia de uma casa ou do seu local de trabalho. Por exemplo, suponha que no seu local de trabalho haja mais necessidade de harmonia, lealdade, fidelidade, companheirismo, união entre as pessoas; você pode colocar a fotografia de todas as pessoas ou da casa onde fica o trabalho ou a figura do bairro, e depois, cole-a no seu caderno de orações e escreva as palavras positivas: *Nesse lugar de trabalho existem pessoas que trabalham em plena harmonia, paz, serenidade, lealdade, fidelidade, entre outras.* Leia isso todos os dias, e, mesmo que a princípio pareça algo absurdo, suponha que seja o extremo oposto do que você escreveu, com certeza, de tanto você ler e mandar essa energia positiva, o ambiente vai começar a se modificar para o positivo que você escreveu. Com certeza, tudo isso vai se modificar para melhor. São importantes a perseverança, a persistência e a constância.

Caso você queira emagrecer, pode fazer o seguinte: pegue uma fotografia de alguém que tenha o corpo que você deseja ter; então, você corta uma fotografia sua, só com o rosto, cola em cima do corpo que deseja ter, coloca no seu caderno de orações e começa a orar, escrever palavras positivas ao redor da foto, como por exemplo:

> *Eu,* (seu nome completo), *me alimento sempre e somente com alimentos saudáveis, nutritivos, orgânicos, dou preferência às saladas, às frutas, aos sucos naturais e me sinto muito, muito feliz e cada vez melhor com esta postura positiva e saudável da nutrição que determinei para a minha vida.*

Isso é apenas um exemplo. Você pode escrever isso em volta dessa fotografia e se sentir forte, pois sempre que desejar comer alguma coisa, lembrará no seu inconsciente dessas frases e automaticamente começará a se direcionar para uma alimentação saudável, mesmo sem perceber. O inverso é verdadeiro: há refrigerantes que são campeões de venda mundial há anos e que cada vez mais fazem propaganda. Por quê? Pois eles sabem que é por meio da propaganda que encontram uma maneira de aumentar a venda. E é por, vamos dizer assim, esse trabalho que você induzirá o seu cérebro a pensar positivo. Eles fazem à maneira deles essa repetição nos meios de comunicação, nas rádios, na televisão, nos outdoors, para influenciar você a agir de acordo com o que eles querem, e não com o que você quer.

É importante que você coloque as visualizações e as orações em volta de situações que gostaria que acontecessem. Suponha que você gostaria de estar plenamente saudável, por estar com a saúde debilitada. Pegue algo que lhe traga essa imagem de plenamente saudável, cole seu rosto ou, suponha que você é um jogador de futebol que está machucado mas gostaria de já estar jogando; então, coloque uma foto de pessoas jogando em campo, coloque a sua foto saudável também jogando e visualize que aquela é a realidade que você quer, que aquela é a realidade que você sabe que vai ocorrer em breve. Isso faz com que todo o seu organismo comece a buscar a autocura o mais rápido possível, para que você chegue a alcançar os resultados positivos desejados. Veja que é sensacional a pessoa se autoprogramar positivamente para superar obstáculos, alcançar bons resultados, e sentir-se cada vez melhor.

As siglas

Fazer siglas para as frases pode ser muito útil e funcional. Por exemplo: *plena prosperidade contínua* teria a sigla PPC. Você pode escrever a sigla em um papel, com um lembrete, e toda vez que vir escrito PPC, saberá que significa *plena prosperidade contínua.* Esse é um recurso ensinado por Norman Vincent Peale, em seu livro *O poder do pensamento positivo*. Ele relata que uma pessoa possuía uma sigla enorme, formada apenas pelo início de cada palavra. A sigla era assim: AAOePLaFCaQsCoROeP, ou seja, **A**s **A**firmações **O**timistas **e** **P**ositivas **L**ibertam **a**s **F**orças **C**om **a**s **Q**uais **s**e **C**onseguem **o**s **R**esultados **O**timistas **e** **P**ositivos. A pessoa colocou a primeira letra de cada palavra. Para quem olhava aquilo, era um "bichode-sete-cabeças", não queria dizer nada para ninguém, não tinha nenhum significado para pessoa alguma. E era uma sigla enorme pregada na parede do escritório daquele indivíduo. Ele olhava aquelas letras o dia inteiro, ninguém sabia o que estava acontecendo, mas na sua cabeça, ficava repetindo a frase inteira, como um "mantra", que nada mais é que a repetição de uma palavra ou de um grupo de palavras que levem a um estado altamente positivo e de forte desenvolvimento mental.

Algumas outras ideias de frases e textos para enriquecer e fazer crescer de forma altamente positiva e saudável seu próprio caderno de orações:

> Deus, que o nosso caminho seja repleto de flores, de paz, de amor, de graças, de bênçãos, de glórias e vitórias, de saúde, de abundância, de fartura, de força, de pureza, de otimismo, de positivismo, de respeito, de proteção, de reconhecimento, de luz, de libertação, de equilíbrio, de serenidade plena.
>
> Que nosso cálice de todas as bênçãos e graças possa transbordar e que possa atingir aqueles que estão à nossa volta, aqueles que nos leem, que nos ouvem, que pensam em nós, que passam pelo nosso caminho.
>
> Peço a Deus que abençoe o Brasil, o Peru, a Argentina, as Américas, os países ricos e os países pobres, que abençoe, ilumine e dê paz e plena prosperidade material e espiritual ao mundo inteiro.
>
> Que dê compaixão, união, respeito e amor entre os povos. Que faça com que todos os nossos pensamentos possam ser positivos, otimistas, benéficos, e possam se concretizar e se tornarem realidade.
>
> Peço a Deus que apague e transforme todo e qualquer pensamento que possa ser menos positivo, para que a luz de Deus nos faça fortes, firmes, capazes, santos, calmos, vitoriosos, felizes e saudáveis, repletos de luz.
>
> Peço a Deus que nos mostre a luz de sua face, que seja bondoso, amoroso e misericordioso para comigo, para com minha família e para com cada ser da Terra.
>
> Peço a Deus que nos dê as mãos de luz, de poder, de saúde, de prosperidade, para que tudo o que a gente realize seja prosperidade, cresça, floresça, frutifique, se amplie, tenha plena e total saúde e seja um amplo e total sucesso.
>
> Peço a Deus que nos dê boa sorte, ótima sorte, excelente sorte. E que assim seja, hoje e sempre. Amém.

Deixamos aqui também uma bênção muito especial, eternizada por São Francisco de Assis. Essa bênção solene era feita sempre por São Francisco até mesmo para os animais, e isso é muito importante: que você abençoe seus animais. Seguramente, a oração é para tudo e para todos. Os benefícios da oração são infinitos, ilimitados. Oração é para os seres humanos, para as plantas e para os animais.

> O Senhor vos abençoe e vos guarde.
> O Senhor vos mostre sua face e compadeça de vós.
> O Senhor mostre para ti o seu rosto e te dê a paz.
> A bênção de Deus Todo-Poderoso, o Pai, o Filho e o Espírito Santo.
> Amém.

Outras palavras positivas

Como sugestão, deixamos aqui palavras positivas, para serem incluídas em suas frases e orações: paz, amor, união, alegria, esperança, sucesso, realizações, luz, respeito, saúde, harmonia, solidariedade, felicidade, humildade, confraternização, pureza, amizade, sabedoria, perdão, igualdade, liberdade, boa sorte, sinceridade, estima, fraternidade, equilíbrio, dignidade, benevolência, fé, bondade, brandura, paciência, força, tenacidade, prosperidade material, prosperidade espiritual, reconhecimento, respeito, gratidão, concórdia, fidelidade, lealdade, eficácia, coragem, otimismo, positivismo e vitória.

Use e abuse de palavras otimistas. É fundamental lembrar sempre que medo não é antagônico à coragem. A pessoa que tem coragem continua tendo medo. A coragem é a capacidade de agir apesar do medo. O medo é inerente ao ser humano, pois todo ser humano sente medo. O que é, então, a coragem? Coragem é a capacidade de agir apesar de sentir medo. Isso é fundamental em nosso dia a dia. A coragem é uma das atitudes mais importantes que se pode ter, dentro da família, do trabalho, das orações, para saber que você vai ter os resultados positivos que almeja e para agir em busca desses resultados.

Trabalho voluntário

Uma das atitudes mais importantes para cultivar a saúde espiritual é, sem dúvida, o trabalho voluntário. O trabalho voluntário, longe de ser uma obrigação ou algo que temos de fazer para "ir para o céu", ou alguma coisa ligada à religião, é, na verdade, um presente divino que temos à nossa disposição e que é profundamente recompensador para quem faz, além, claro, de vital importância para quem recebe.

Nada é mais gratificante e nos deixa mais felizes do que doar parte do nosso tempo, parte dos nossos dons, ou parte dos nossos recursos financeiros em favor dos outros. Um grande espiritualista dizia que: *"Quem dá é que deve agradecer ao outro que recebeu, pela oportunidade iluminada de fazer o bem"*. Por isso, recomendamos que pratique algo que conforte, abençoe e suavize o caminho de outra pessoa.

Pode ser um telefonema, uma visita para um forte abraço, o desejo de um excelente dia, uma lembrança de coração, um sorriso amigo, a doação de roupas, remédios, alimentos, ou o "simples" ato de escutar, ouvir. O trabalho voluntário pode acontecer dentro de uma instituição caritativa, de um hospital, de um orfanato, pode ser cantar em sua comunidade religiosa, enfim... Há um sem fim de oportunidades de se fazer o bem.

Faça a diferença amando de coração a todos os que passarem pelo seu caminho. Faça a diferença auxiliando de coração o seu próximo. A melhor coisa que há é fazer o bem. Não tenha dúvida de que você terá, e muita, saúde espiritual.

Capítulo 12

Palavras finais

Estimado amigo leitor: esperamos, do fundo de nossa alma, que possamos ter apresentado aqui práticas simples, que poderão trazer mais saúde física, mental, emocional e espiritual, e com isso proporcionar uma enorme alegria de viver. Que você possa viver cada dia melhor, melhor e melhor, mais saudável e em plena paz. Que possa prosperar em todas as atividades de sua vida.

Cuide-se diariamente. Faça pequenos gestos que alimentem e limpem seu ser. É muito prazeroso e muito mais fácil do que se pode imaginar. Crie hábitos saudáveis. Nosso criador seguramente teve um trabalho enorme em nos projetar e nos dar a vida. Tenhamos gratidão por ele e vamos auxiliá-lo a nos manter felizes e cheios de vida.

Neste exato momento, fazemos uma pequena pausa para observar o maravilhoso céu azul escuro repleto de estrelas. Especialmente hoje, a noite está esplendorosa, límpida, com a lua crescente refletindo muita luz, milhares de estrelas cintilantes, e de tempos em tempos um avião com as luzes piscando passa cortando o horizonte enriquecendo ainda mais esse lindo cenário. Isso traz muita alegria interior, muita paz. A propósito, há quanto tempo você não observa o céu, não tenta contar as estrelas?

Mais importante que ler tudo isso que aqui está descrito é *efetivamente* no dia a dia, por isso tudo em prática. Isso é fundamental. Quando você começar, já notará algumas mudanças em suas atitudes e resultados, e, conforme o tempo for passando, sua vida se transformará por inteiro. E esteja seguro de que mudará para muito melhor!

Não se importe muito se suas orações são iguais às de outra pessoa. Cada um tem a sua frase, e, mesmo que você escreva apenas uma frase por dia, isso já mudará totalmente a sua vida para melhor. Então comece. Compre o caderno que escolher e inicie hoje mesmo. É um exercício mental e espiritual diário. Todos os dias, você vai pegar seu caderno e vai ler página por página. Faça isso com calma, atenção e muito amor. E principalmente com perseverança, persistência e constância. São as três palavras-chaves para se ter resultados altamente positivos.

Faça uma programação mental altamente positiva. Programe-se para trabalhar cada vez melhor, para se sentir cada vez melhor, para agir cada vez melhor com as pessoas, para ter criatividade, discernimento, orientação para fazer tudo o que você precisa fazer a cada dia, com plena harmonia, muita paz e alegria, transmitindo coisas boas para as pessoas.

Lembre-se sempre de que menos de 5% da população mundial pode escolher todos os dias o que quer comer no café da manhã, no almoço e no jantar. E mais da metade da população mundial não pode fazer três refeições diárias. Olhe o quanto você tem a agradecer a Deus, todos os dias. E mais: se você tem alguma sobra na sua casa, doe a quem não tem. E uma sobra pode não ser só de alimento, de dinheiro, pode ser uma sobra de paciência, respeito, consciência, atenção, amor. Se você acha que tem alguma coisa boa sobrando dentro de você, ofereça a quem necessita. Não precisa ir longe, você pode começar pelos que estão mais próximos. Seguramente, alguém que está perto de você possui alguma deficiência de algum dom que você tem de sobra.

Ajude, faça algo de bom para as pessoas, tenha amor por todos e muito respeito, e procure sempre, por intermédio das suas orações, harmonizar-se e fortalecer-se para agir dentro das leis do amor. Agir com as leis do amor não é dizer sim para tudo, pois o amor também diz não, se necessário; mas é necessário ter um espírito de compaixão, de paciência, de querer bem as pessoas, de querer bem o mundo. Seja sempre sincero e, se você não puder fazer alguma coisa, diga:

"Olha, eu amo muito você, mas no momento eu não posso fazer isso". Quando puder, ensine também as pessoas a orar e incentive-as a começarem a fazer as orações delas, desenvolvendo-se e purificando-se. Ajude a construir um mundo melhor, com mais paz, amor, alegria, cooperação, com todos os bons sentimentos existentes.

    Faça a sua parte. Atue fazendo o bem, ajudando o mundo a ser um lugar mais humano e mais divino! Nossa maior alegria é vê-lo forte, saudável, feliz e espiritualizado. Ame a vida e ame muito o seu ser. Ame o seu próximo, começando pelos que estão imediatamente ao seu redor. Seja um discípulo do amor.

Referências bibliográficas

ALEM, José. *Vida e Sentido*. 2ª edição. São Paulo: Servus Dei, 2006.

ARIAS, Alzate, Pbro. Eugenio. *El libro de las Plantas Medicinales*. Medicina homeopática para el hogar. 21ª edição. Colombia: Oveja Negra, 1993.

BONTEMPO, Marcio. *Azeite de oliva – Sabor, Estética e Saúde*. São Paulo: Alaúde Editorial, 2008.

BOUTARD, G. P. *Vinagre de Maçã – Uma receita de vida*. São Paulo: Editora Claridade, 2001.

BREMNESS, Lesley (Ed.). *Herbs*. Londres: The Reader´s Digest Association, Inc., 1990.

_____. *Herbs. The visual guide to more than 700 herb species from arround the world*. Grã Bretanha: Dorling Kindersley Ltd., 1994.

BREYER, Ernesto Ulrich. *Abelhas e Saúde*. Paraná: Fundação Faculdade Estadual de Filosofia, Ciências e Letras União da Vitória – Coleção Vale do Iguaçu nº 40, 6ª Edição, 1991.

BRUNING, Prof. Jaime. *A Saúde brota da Natureza*. 16ª edição. Curitiba: Edit. Universitária Champagnat, 1996.

CASTRO, Elza A. Quioprática (Chiropractic). *Um manual de ajustes do esqueleto*. São Paulo: Ícone Editora, 1999.

CLAY, James H. e Pounds, David M. *Massoterapia Clínica. Integrando Anatomia e Tratamento*. Barueri: Editora Manole, 2003.

DE LE COMTE, Mónica Gloria Hoss. *El Mate*. Buenos Aires: Maizal Ediciones, 2000.

DE SOUZA, M. Matheus, D.C. *Manual de Quiropraxia: Quiropractica-Quiropatía. Filosofia, ciência, arte e profissão de curar com as mãos*. 1ª edição. São Paulo: Editora Ibraqui, 2002.

DI STASi, Luiz Cláudio e Akiko Hiruma-Lima, Clélia. *Plantas medicinais na Amazônia e na Mata Atlântica*. 2ª edição, São Paulo: Editora da Unesp, 2002.

ELKINS, Rita. *The Noni Revolution*. Utah: Woodland Publishing, 2002.

FIGUEIREDO, D. Fernando A. e Pe Rossi, Marcelo M. *Orações que levam a Deus*. Curitiba: Novo Rumo, 2005.

FRANCO, Lelington Lobo. *Revelando os segredos de 50 chás medicinais campeões de saúde*. Curitiba: Editora Lobo Franco, 2002.

_____. *Frutas. Caminho para saúde*. Petrópolis, RJ: Editora Vozes, 2004.

_____. *50 sucos medicinais campeões de saúde*. Curitiba: Editora Lobo Franco, 2002.

_____. *Mais 50 sucos medicinais campeões de saúde*. Vol.2, 2ª edição, Curitiba: Editora Lobo Franco, 2004.

_____. *As incríveis 50 frutas com poderes medicinais*. 3ª edição, Curitiba: Editora Lobo Franco, 2001.

_____. *As sensacionais 50 plantas medicinais campeãs de poder curativo*. Vol. 1. Curitiba: Edit. O Naturalista, 1998.

_____. *As sensacionais + 50 plantas medicinais campeãs de poder curativo*. Vol. 2. Curitiba: Editora Lobo Franco, 2001.

FRANCO, Pe. Ivacir João e FONTANA, Prof. Vilson Luiz. *Ervas & Plantas. A medicina dos simples*. 18ª Edição. Erexim: Editora Edelbra, 2003.

HASTINGS, Selina e THOMAS, Eric. *Bíblia Ilustrada*. São Paulo: Editora Ática.

KAMINSKI, Patrícia e Katz, Richard (Trad. Melania Scoss e Merle Scoss). *Repertório das Essências Florais. Um Guia Abrangente das*

Essências Florais Norte-Americanas e Inglesas, para o Bem-estar Emocional e Espiritual, 2ª edição, São Paulo: Triom, 2001.

KUNZ, Kevin e Bárbara. *The Complete Guide to Foot Reflexology*. Great Britain: Thorsosns, 1984.

LIAN, Yu-Lin; Chen, Chun-Yang; Hammes, Michael, Kolster, Bernard C. *The Seirin Pictorial Atlas of Acupuncture. An Illustrated manual of acupunture points*. Cologne: Könemann, 1999.

MARTIN CLARINET, (Org.). *A essência da Autoconfiança. A Essência da Sabedoria dos Grandes Gênios de Todos os Tempos*. São Paulo: Martin Claret, 2001.

MERSON, Sarah. *100 Receitas de Saúde – Alimentos para Rejuvenecer*, São Paulo: Publifolha, 2007.

_____. *100 Receitas de Saúde. Alimentos que Curam*, São Paulo: Publifolha, 2007.

MINDELL, Earl, R. Ph., Ph. D. *Herb Bible*. Simon & Schuster, Nova York: Fireside Book, 1992.

NAVARRE, Isa. *101 Ways to Use Noni fruit juice For Your Better Health*. Utah: Direct Source Publishing, 2005.

NASCIMENTO, Spethmann, Carlos. *Medicina alternativa de A a Z*. 6ª Edição. Uberlândia: Editora Natureza.

PANIZZA, Sylvio. *Plantas que curam (Cheiro de Mato)*. São Paulo: Ibrasa, 1998.

PEALE, Pe. Norman Vincent. *O poder do pensamento positivo*. São Paulo: Editora Cultrix.

_____. *Mensagens para a vida diária*. São Paulo: Editora Cultrix.

SHEN, Peijian. *Massagem para alívio da dor passo a passo*, 1ª edição, Edit. São Paulo: Editora Manole, 1999.

SOLOMON, Neil, MD, PhD. *The Noni phenomenon*. Utah: Direct Source Publishing, 1999.

Sung, Isabel e Colaboradores. *Fitomedicina – 1.100 Plantas Medicinales*, Lima: Editorial Isabel, 2003.

TESKE, Magrid e Trentinin, Anny Margaly M. *Compêndio de Fitoterapia*. 3ª edição. Curitiba: Herbarium Laboratório Botânico, 1995.

TRUCOM, Conceição. *O Poder de Cura do Limão*. São Paulo: Alaúde Editorial, 2004.

_____ Conceição. Alimentação Desintoxicante – para ativar o sistema imunológico. São Paulo: Alaúde Editorial, 2004.

_____. *A importância da linhaça na saúde*. São Paulo: Alaúde Editorial, 2006.

UNIVERSIDAD Nacional Agrária La Molina (Perú). *Programa de Investigación y Proyección Social en Raíces y Tuberosas*. www. lamolina.edu.pe/Investigación/programa/yacon/Yacon.htm

VAN WYK, Bem-Erik e Wink Michael. *Medicinal Plants of the world*. Porland, Oregon: Timber Press, 2004.

VILCHES, Lida Obregón e Col. *Maca, Planta de los Incas, maravilla de la ciencia*. Lima: Instituto de Fitoterapia Americano, 2006.

_____. *Uña de Gato. Cat's Claw*. 3ª Edição, Lima: Instituto de Fitoterapia Americano, 1997.

WIESE, Helmuth. *Apicultura – Novos Tempos*. 2ª Edição, Guaíba: Agro Livros, 2005.

WOLFRAM, Katharina. *O uso Medicinal de Óleos Vegetais. Um método prático e eficaz de desintoxicação*. 9ª Edição. São Paulo: Editora Pensamento, 2005.

Sites

Maca peruana
www.santanatura.com.pe

Andina real (unha de gato, maca, etc)
www.andinareal.com.pe

Inka Natura Travel
www.inkanatura.com.pe

Quimer ervas e especiarias
www.quimer.com.br

Vinagre de Vermont
www.shtareer.com.br/materias/me.php?cb=1&ac=538

Usos do vinagre
www.versatilevinegar.org/usesandtips.html

Blessing Orgânicos
www.blessing.com.br

Para conhecer outros títulos, acesse o site **www.alaude.com.br**, cadastre-se, e receba nosso boletim eletrônico com novidades

EDITORA
ALAÚDE